아이가 주인공인 책

아이는 스스로 생각하고 성장합니다.
아이를 존중하고 가능성을 믿을 때
새로운 문제들을 스스로 해결해 나갈 수 있습니다.

길벗스쿨의 학습서는 아이가 주인공인 책입니다.
탄탄한 실력을 만드는 체계적인 학습법으로
아이의 공부 자신감을 높여줍니다.

가능성과 꿈을 응원해 주세요.
아이가 주인공인 분위기를 만들어 주고,
작은 노력과 땀방울에 큰 박수를 보내 주세요.
길벗스쿨이 자녀 교육에 힘이 되겠습니다.

읽기 유창성 이론을 바탕으로 한
문해력 향상 프로그램

문해력이 좋아지는
소리 내어 읽기 1단계

윤희솔·소선중 지음

길벗스쿨

문해력이 좋아지는 소리 내어 읽기 1단계

초판 1쇄 인쇄 · 2025년 7월 22일
초판 1쇄 발행 · 2025년 8월 6일

지은이 · 윤희솔 · 소선중
발행인 · 이종원
발행처 · (주)길벗스쿨
출판사 등록일 · 2025년 5월 28일
주소 · 서울시 마포구 월드컵로 10길 56(서교동)
대표 전화 · 02)332-0931 | **팩스** · 02) 338-0388
홈페이지 · www.gilbutschool.co.kr | **이메일** · gilbut@gilbut.co.kr

기획 및 책임편집 · 유현우(yhw5719@gilbut.co.kr) | **디자인** · 강은경 | **제작** · 이준호, 손일순, 이진혁
마케팅 · 양정길, 이지민 | **영업유통** · 진창섭 | **영업관리** · 김명자, 심선숙, 정경화 | **독자지원** · 윤정아

전산편집 · 기본기획 | 편집진행 · 주은영 | **일러스트** · 이수희 | **녹음** · EMG미디어
CTP 출력 및 인쇄 · 대원문화사 | **제본** · 신정문화사

▶ 잘못된 책은 구입한 서점에서 바꿔 드립니다.
▶ 이 책은 저작권법에 따라 보호받는 저작물이므로 무단전재와 무단복제를 금합니다.
  이 책의 전부 또는 일부를 이용하려면 반드시 사전에 저작권자와 길벗스쿨의 서면 동의를 받아야 합니다.

ISBN 979-11-7467-021-2 74700
SET 979-11-7467-020-5
(길벗 도서번호 500026)

정가 15,800원

독자의 1초를 아껴주는 정성 길벗출판사

(주)도서출판 길벗 | IT실용서, IT/일반 수험서, IT전문서, IT입문서, IT교육교재서, 경제경영서, 취미실용서, 자녀교육서
더퀘스트 | 인문교양서, 비즈니스서
길벗이지톡 | 성인어학서
길벗스쿨 | 국어학습서, 수학학습서, 영어학습서, 유아학습실, 어린이교양서, 학습단행본, 교과서

길벗스쿨 공식 카페 〈기적의 공부방〉 · cafe.naver.com/gilbutschool
인스타그램 / 카카오플러스친구 · post.naver.com/gilbutzigy

제품명 : 문해력이 좋아지는 소리 내어 읽기_1단계	주 소 : 서울시 마포구 월드컵로 10길 56 (서교동)
제조사명 : 길벗스쿨	제조년월 : 판권에 별도 표기
제조국명 : 대한민국	사용연령 : 7세 ~ 9세
전화번호 : 02-332-0931	KC마크는 이 제품이 공통안전기준에 적합하였음을 의미합니다.

머리말

**문해력 성장의 열쇠가 '읽기 유창성'이라면,
그 열쇠를 돌리는 힘은 '소리 내어 읽기'입니다.**

학부모님께는 '읽기 유창성'이라는 말이 다소 낯설게 느껴지실지도 모릅니다. 그러나 읽기 유창성은 오래전부터 문해력과 학력의 기초를 이루는 핵심 요소이자, 본격적인 학습으로 나아가는 관문을 여는 열쇠로 주목받아 왔습니다. 이러한 이유로 2022 개정 국어과 교육과정에서도 읽기 유창성을 중요한 축으로 다루고 있습니다.

그렇다면 읽기 유창성은 어떻게 길러질까요? 수많은 연구는 모범 읽기를 듣고, 능숙해질 때까지 반복해 소리 내어 읽는 것이 읽기 유창성을 기르는 가장 효과적인 방법이라고 밝힙니다. 20년 넘게 교실에서 아이들과 함께 해 온 저희도 소리 내어 읽기의 힘을 수없이 확인해 왔습니다. 그러나 교실에서 읽기 유창성 지도의 각 단계를 빠짐없이 실천하기가 쉽지 않았기에, 가정에서의 어려움을 충분히 짐작할 수 있습니다. 실제로 문해력 지도를 어디서부터 시작해야 할지 몰라 고민하시는 학부모님들을 많이 만나 왔습니다.

그래서 고민 끝에, 문해력을 오랫동안 연구해 온 교사와 교육과정을 깊이 탐구해 온 교사가 머리를 맞대고 『문해력이 좋아지는 소리 내어 읽기』를 펴내게 되었습니다. 이 책에는 아이의 성장을 돕기 위한 현실적인 해법을 담았습니다.

- 아이 혼자서도 모범 읽기를 들으며 따라 읽을 수 있도록, 단계별 음원을 QR코드에 담았습니다.
- 아이가 수업 시간에 '이거 내가 소리 내어 읽은 내용인데!' 하며 자신 있게 손을 들 수 있도록, 모든 글을 교과서 주제와 밀접하게 집필했습니다.
- 읽기 유창성은 물론, 학습의 기초 체력을 다지고 매일 공부하는 좋은 습관까지 함께 기를 수 있는 방향으로 설계했습니다.

하루 10분, 교과 연계 지문을 소리 내어 읽도록 구성한 이 책이 아이의 문해력과 학력, 그리고 꾸준히 배우는 힘을 길러 주는 든든한 벗이 되어 주기를 소망합니다.

오늘도 아이들과 함께 하루를 보낸,
윤희솔 · 소선중 올림

이 책은 이렇게 활용하세요!

❶ <소리 내어 읽기>의 중요성

왜 옛날 사람들은 뜻도 모르는 천자문을 그토록 소리 내어 읽었을까요?

천자문을 비롯한 고전을 반복해 소리 내어 읽는 일은, 말소리를 문자를 통한 의미와 연결하는 훈련이었습니다. 문자보다 먼저 생긴 소리에 익숙해지는 것이 문해력 발달의 첫걸음이라는 사실을 옛사람들은 경험적으로 알고 있었던 것입니다. 일본의 뇌과학자 가와시마 류타 교수는 "소리 내어 읽을 때 뇌의 광범위한 영역이 동시에 활성화된다"고 말합니다. '소리 내어 읽기'는 단순한 읽기 연습을 넘어, 뇌 전체를 깨우는 통합적 학습의 시작이었던 것이지요.

무엇보다도, 반복하여 소리 내어 읽기는 초기 문해력의 핵심인 '읽기 유창성'을 길러 주는 가장 확실하고도 강력한 방법이기도 합니다.

❷ 읽기 유창성이란?

미국의 국립읽기위원회(NRP: National Reading Panel)는 11만 건이 넘는 문해력 연구 중 엄격한 기준을 충족한 연구들만 선별하여 분석한 결과, 읽기 능력을 좌우하는 결정적인 다섯 가지 요소를 다음과 같이 발표했습니다.

| ① 음운 인식 | ② 음운 규칙 | ③ 읽기 유창성 | ④ 어휘력 | ⑤ 읽기 이해 |

이 중 읽기 유창성은 글을 빠르고 정확하게, 그리고 자연스러운 억양과 리듬으로 읽는 능력을 나타내며, 문해력은 물론, 학업 성취에까지 영향을 미치는 핵심 요소로 강조되어 왔습니다.

특히 읽기 유창성이 중요한 이유는, 해독(글자를 소리로 바꾸는 과정)과 이해(글의 뜻을 파악하는 과정) 사이를 이어 주는 다리 역할을 하기 때문입니다. 결국 읽기 유창성이 갖추어져야 비로소 '이해'라는 더 높은 사고 수준으로 도약할 수 있는 것입니다.

그럼에도, 많은 국어 교재와 수업 현장은 여전히 어휘 학습이나 독해 중심의 활동에만 치우친 경향이 있습니다. 그 이전에 읽기 유창성의 출발점인 '소리 내어 읽기'를 통해 해독과 이해 사이의 다리를 튼튼하게 이어놓아야 합니다.

❸ 이 책의 활용법

'읽기 유창성'을 기르기 위해서는 단계에 맞는 훈련이 필요합니다. 이 책은 '정확성 → 신속성 → 표현성'이라는 세 단계의 연습을 통해, 체계적으로 읽기 유창성을 완성할 수 있도록 설계되었습니다.

1단계 정확성

틀리지 않고 정확하게 읽는 연습입니다.
단어 하나라도 정확히 읽지 못하면 문장 전체를 이해하는 기반이 약해지므로, 무엇보다 정확성이 중요합니다. 또한, 정확한 발음을 반복해 연습하는 과정은 문법 지식과 음운 인식을 함께 체화하는 과정입니다. 이 단계는 이후 신속성과 표현성을 발달시키기 위한 토대가 됩니다.

2단계 신속성

어절과 문장을 끊김 없이 빠르게 연결하여 읽는 훈련입니다.
영어권에서는 학년에 따라 분당 정확히 읽어야 할 단어 수(WCPM: Words Correct Per Minute)를 제시할 만큼, 읽기 속도는 이해력을 예측하는 주요 지표로 사용됩니다. 적절한 속도로 읽을 수 있어야 인지 자원을 해독이 아닌 이해에 집중할 수 있기 때문입니다.

3단계 표현성

의미를 담아 자연스럽게 읽는 훈련입니다.
문장을 의미 단위로 끊어 읽고, 문맥에 어울리는 분위기와 느낌을 담아 읽는 단계입니다. 표현성을 '운율(prosody)'이라고도 하는데, 이는 문장을 읽을 때의 높낮이, 멈춤, 속도 같은 소리의 흐름을 말합니다. 운율이 살아 있는 읽기는 글을 깊이 이해하게 하고, 그 의미와 감정을 자연스럽게 전달하는 데 꼭 필요한 요소입니다.

이 책에 제시된 세 단계는 읽기 유창성을 길러 주는 과학적 원리에 기반한 훈련으로, 그 효과가 이미 여러 연구를 통해 증명되어 왔습니다. 조급함을 내려놓고 이 과정을 성실히 따라간다면, 문해력은 단단하게, 그리고 반드시 자라날 것입니다.

이 책은 이렇게 구성되었어요!

본문 읽기

단계별 학년과 학기에 맞춘 교과 연계 본문을 통해, 소리 내어 읽는 연습을 하면서 동시에 교과 지식도 자연스럽게 익힐 수 있어요. 읽는 데 걸린 시간을 적는 란이 있어서, 읽기에 더 집중하고 자신의 속도를 점검하는 데 도움이 돼요.

낱말 익히기

본문을 이해하는 데 필요한 낱말과, 교과 학습의 핵심 개념을 담은 학습도구어를 선별해 담았어요. 문해력의 중요한 요소인 어휘력을 키울 수 있도록 하기 위해 뜻과 예문을 함께 실었어요.

각 본문에 해당 내용이 다뤄지는 교과와 단원을 함께 제시했어요. 어떤 수업에서 배우는 내용인지 쉽게 확인할 수 있어, 학교 공부와도 자연스럽게 이어지도록 구성했어요.

특별부록

길벗스쿨 홈페이지(www.gilbutschool.co.kr)에 접속한 뒤, 검색창에 책 제목을 입력하면 자료실에서 다음 자료들을 다운로드할 수 있어요.

1. **본문 내 교과 연계 주요 한자어 목록 120**
본문에 실린 한자어 중 주요 한자어만을 골라 장별로 20개씩 제시했어요. 개별 한자들의 뜻을 이해한다면 교과 어휘가 더욱 더 쉬워질 거예요.

2. **단계별 읽기 훈련 자료**
교재에 수록된 QR코드의 단계별 모범 읽기 자료를 MP3 파일로도 제공하고 있어요. 언제 어디서나 음성 파일을 들으며 소리 내어 읽는 연습을 할 수 있어요.

단계별 훈련하기

소리 내어 읽기는 무작정 반복하기만 하는 것보다 순서를 따라 체계적으로 연습하는 것이 훨씬 효과적이에요. 아래 단계를 하나씩 차근차근 따라 해 보세요.

1단계 올바른 발음을 익혀요

본문에 수록된 어휘 중 발음이 어렵거나 헷갈리기 쉬운 낱말들을 모아, 먼저 정확하게 발음해 보는 연습을 해요.

2단계 듣고 따라 읽어요

이 단계는 읽기 유창성을 키우기 위해 꼭 필요한 세 가지 순서에 따라 소리 내어 읽는 연습을 해요. 먼저 한 문장씩 또박또박 정확하게 따라 읽으며 '정확성'을 다져요. 그다음 선생님의 읽는 속도에 맞춰 한 문장씩 읽으며, '신속성'을 익혀요. 마지막으로는 선생님과 동시에 글 전체를 읽으며, 억양과 호흡을 살려 '표현성'을 단련해요.

3단계 다시 읽어봐요

이제는 스스로 처음부터 끝까지 읽어볼 차례예요. 다 읽은 후에는 걸린 시간을 기록해 보세요. 표현성을 살려 읽다 보면 처음보다 시간이 더 걸릴 수도 있지만, 권장 시간 안에 읽는 것이 목표라는 점도 함께 기억해 두면 좋아요.

내용을 확인해요

단계에 따라 연습한 뒤에는, 간단한 문제로 내용을 잘 이해했는지 확인해 보세요. 소리 내어 읽기는 의미를 정확히 파악하는 힘으로 이어지므로, 읽은 내용을 되짚어 보는 과정이 꼭 필요해요. 틀린 문제가 있다면 본문과 어휘를 다시 읽고 풀어 보세요.

차례

머리말	3
이 책은 이렇게 활용하세요!	4
이 책은 이렇게 구성되었어요!	6
학습 계획표	11

1장 국어

01	자음과 모음	14
02	다람쥐가 도망가요	16
03	학교 가는 길	18
04	문장 부호를 알아봐요	20
05	토끼의 간	22
06	놀이공원	24
07	계절에 따른 생활 모습	26
08	속담으로 보는 계절	28
09	우리 글자의 처음 이름	30
10	한옥에 담긴 지혜	32
	1장 | 마무리 활동	34

2장 수학

11	같은 수, 다른 뜻	38
12	수를 바르게 읽어요	40
13	수로 보는 태극기	42
14	아무것도 없을 땐?	44
15	여러 가지 모양	46
16	아름다운 우리 문양	48
17	10개씩 묶어 세요	50
18	덧셈식과 뺄셈식	52
19	비교하는 표현들	54
20	수 이어 가기 놀이	56
	2장 | 마무리 활동	58

3장 통합 하루

21	입학했어요!	62
22	우리 학교의 상징	64
23	학교 도서관에 가요	66
24	교통 표지판을 알아볼까요?	68
25	분리배출은 일석이조!	70
26	응급 상황이 생기면?	72
27	스마트폰 바르게 사용하기	74
28	옛날 학교의 모습은?	76
29	자기소개를 해요	78
30	운동장에서 만난 태극기	80
3장 | 마무리 활동		82

4장 통합 사람들

31	걱정을 가져가는 인형	86
32	소고를 연주해요	88
33	소꿉놀이를 해 봤나요?	90
34	재능 기부 관리자	92
35	감염병을 조심해요	94
36	유괴를 조심해!	96
37	불이 났다면?	98
38	탈춤 속 사람들 이야기	100
39	함께하는 명절	102
40	누구를 초대할까요?	104
4장 | 마무리 활동		106

5장 통합 우리나라

41 우리나라 꽃, 무궁화	110
42 국새는 무엇일까요?	112
43 나라문장이란?	114
44 맛있는 전통 음식	116
45 아름다운 우리 한복	118
46 재미있는 전통 놀이	120
47 시원한 바람이 솔솔, 부채	122
48 아리랑	124
49 우리는 하나	126
50 씨름을 해 봤나요?	128
5장 | 마무리 활동	130

6장 통합 탐험

51 우주 탐험을 해 볼까요?	134
52 바다를 사랑한 탐험가	136
53 나만의 탐험선을 만들어요	138
54 처음으로 비행기를 만든 형제	140
55 내 기지의 모습은?	142
56 별자리를 찾아봐요	144
57 왜 남극을 탐험할까요?	146
58 심해에 가 보고 싶다	148
59 약을 바르게 먹어요	150
60 전기를 안전하게 사용해요	152
6장 | 마무리 활동	154

정답 156

학습 계획표

아래 학습 계획표를 참고하여 12주 완성을 목표로 매일매일 꾸준히 학습하세요.
학습이 끝난 후 오른쪽 칸에 ∨ 하세요.

요일	월		화		수		목		금	
1주 차	01	∨	02		03		04		05	
2주 차	06		07		08		09		10	
3주 차	11		12		13		14		15	
4주 차	16		17		18		19		20	
5주 차	21		22		23		24		25	
6주 차	26		27		28		29		30	
7주 차	31		32		33		34		35	
8주 차	36		37		38		39		40	
9주 차	41		42		43		44		45	
10주 차	46		47		48		49		50	
11주 차	51		52		53		54		55	
12주 차	56		57		58		59		60	

1장

국어

01	자음과 모음
02	다람쥐가 도망가요
03	학교 가는 길
04	문장 부호를 알아봐요
05	토끼의 간
06	놀이공원
07	계절에 따른 생활 모습
08	속담으로 보는 계절
09	우리 글자의 처음 이름
10	한옥에 담긴 지혜

01 자음과 모음

1주차 1일

국어 1학년 1학기 | 0. 한글 놀이

- 총 어절 수 36개
- 권장 읽기 시간 40초

아래 글을 소리 내어 읽고, 걸린 시간을 아래 빈칸에 써 보세요.

한글에는 자음자와 모음자가 있어요.
'ㄱ, ㄴ, ㄷ, …'은 자음자예요.
'ㅏ, ㅑ, ㅓ, …'는 모음자예요.
자음자 'ㄱ'과 모음자 'ㅏ'가 만나면
'가'라는 소리가 나요.
이렇게 자음자와 모음자가 만나
만들어진 소리를 '소리마디'라고 해요.
'토끼'는 '토'와 '끼', 2개의 소리마디로
이루어졌어요.

걸린 시간   분   초

낱말을 익혀요

본문에 수록된 주요 낱말들의 뜻을 익혀요.

1 자음자
- 뜻: 자음을 나타내는 자모나 글자
- 예문: '강'에서 'ㄱ, ㅇ'은 자음자이다.

2 모음자
- 뜻: 모음을 나타내는 자모나 글자
- 예문: '강'에서 'ㅏ'는 모음자이다.

3 소리마디
- 뜻: 하나의 종합된 음의 느낌을 주는 말소리의 단위
- 예문: '아침'은 '아'와 '침'이라는 두 개의 소리마디로 이루어졌다.

단계별로 연습하기

1단계 올바른 발음을 익혀요.

발음이 어렵거나 헷갈리는 낱말들을 정확하게 읽어요.

① 한글에는 [한그레는] ② 자음자 [자음짜]
③ 모음자 [모음짜] ④ 이렇게 [이러케]
⑤ 만들어진 [만드러진] ⑥ 이루어졌어요 [이루어저써요]

2단계 듣고 따라 읽어요.

QR코드에서 들려주는 선생님의 음성을 들으며 읽는 연습을 해요.

1 정확하게 따라 읽어요.
2 속도에 맞춰 따라 읽어요.
3 자연스럽게 따라 읽어요.

3단계 다시 읽어봐요.

다시 소리 내어 읽고, 걸린 시간을 아래 빈칸에 써 보세요.

걸린 시간 ⬤ 분 ⬤ 초

정답 ▶ 157쪽

내용을 확인해요

본문에서 읽었던 내용을 떠올리며 아래 문제를 풀어봐요.

1 자음자와 모음자가 만나 만들어진 소리를 무엇이라고 하나요?

① 자음 ② 모음 ③ 소리마디

2 다음을 읽고, 맞으면 ○, 틀리면 × 하세요.

① 한글의 글자에는 자음자와 모음자가 있다. ( )
② ㄱ, ㄷ, ㅂ은 모음이다. ( )
③ 자음자 'ㅅ'과 모음자 'ㅗ'가 만나면 '고'라는 소리가 난다. ( )
④ '사다리'는 3개의 소리마디로 이루어져 있다. ( )

01 자음과 모음

02 다람쥐가 도망가요

1주차 2일

국어 1학년 1학기 | 3. 낱말과 친해져요

- 총 어절 수 39개
- 권장 읽기 시간 40초

아래 글을 소리 내어 읽고, 걸린 시간을 아래 빈칸에 써 보세요.

어느 날 다람쥐가 개울가에서 폴짝폴짝 뛰며 놀고 있었어요.
그런데 언덕에서 어슬렁어슬렁 내려오는 호랑이를 발견했어요.
다람쥐는 징검다리를 깡충깡충 건너 달아났어요.
다행히 호랑이는 다람쥐를 쫓아오지 않았어요.
무사히 집에 도착한 다람쥐는
'큰일 날 뻔했어!'라고 생각했어요.
그날 이후 다람쥐는 주위를 살피며
조심조심 다녔답니다.

걸린 시간 분 초

 **낱말을 익혀요** 본문에 수록된 주요 낱말들의 뜻을 익혀요.

1 개울가
- 뜻: 개울(골짜기나 들에 흐르는 작은 물줄기)의 주변
- 예문: 옛날에는 개울가에서 빨래를 했대.

2 징검다리
- 뜻: 개울 같은 곳에 돌이나 흙더미를 드문드문 놓아 만든 다리
- 예문: 그 개울에는 징검다리가 놓여 있다.

3 무사히
- 뜻: 아무런 문제나 어려움 없이 편안하게
- 예문: 나는 처음엔 길을 잃어 헤맸지만 결국 무사히 집으로 돌아왔다.

단계별로 연습하기

1단계 — 올바른 발음을 익혀요.

발음이 어렵거나 헷갈리는 낱말들을 정확하게 읽어요.

① 개울가 [개울까]　② 있었어요 [이써써요]
③ 달아났어요 [다라나써요]　④ 쫓아오지 [쪼차오지]
⑤ 앉았어요 [안자써요]　⑥ 도착한 [도차칸]

2단계 — 듣고 따라 읽어요.

QR코드에서 들려주는 선생님의 음성을 들으며 읽는 연습을 해요.

1 정확하게 따라 읽어요.
2 속도에 맞춰 따라 읽어요.
3 자연스럽게 따라 읽어요.

3단계 — 다시 읽어봐요.

다시 소리 내어 읽고, 걸린 시간을 아래 빈칸에 써 보세요.

걸린 시간 　분　초

정답 ▶ 157쪽

내용을 확인해요

본문에서 읽었던 내용을 떠올리며 아래 문제를 풀어봐요.

1 일이 일어난 순서대로 기호를 쓰세요.

> 가. 다람쥐는 개울가에서 놀고 있었어요.
> 나. 다람쥐는 무사히 집에 도착했어요.
> 다. 호랑이가 언덕에서 내려왔어요.
> 라. 다람쥐는 징검다리를 건너 도망쳤어요.

( ) → ( ) → ( ) → ( )

2 빈칸의 초성에 맞춰 알맞은 낱말을 쓰세요.

다람쥐는 호랑이에게 잡히지 않고 ㅁ ㅅ ㅎ 나무 위로 도망쳤어요.

03 학교 가는 길

1주차 3일

국어 1학년 1학기 | 4. 여러 가지 낱말을 익혀요

- 총 어절 수 40개
- 권장 읽기 시간 40초

아래 글을 소리 내어 읽고, 걸린 시간을 아래 빈칸에 써 보세요.

"학교 다녀오겠습니다!"
씩씩하게 인사하고 집을 나서요.
신호등에서 친구를 만나면 더 기분 좋게 횡단보도를 건너지요.
빵집을 지날 때는 맛있는 냄새가 나요.
과일 가게와 꽃집을 지나면 우리 학교가 보여요.
교문에 들어서면 운동장을 가로질러
신나게 뛰어가요.
어디로 가냐고요?
선생님과 친구들이 기다리는
우리 교실로요!

걸린 시간   분   초

낱말을 익혀요

본문에 수록된 주요 낱말들의 뜻을 익혀요.

1 나서다
- 뜻: 어디를 가기 위하여 있던 곳을 나오거나 떠나다
- 예문: 비가 와서 우산을 들고 집을 나섰어요.

2 들어서다
- 뜻: 어떤 장소 안으로 이제 막 옮겨 서다
- 예문: 가구점에 들어서자 식탁, 의자, 소파들이 보였어요.

3 가로지르다
- 뜻: 어떤 공간의 가운데를 지나서 가다
- 예문: 놀이터를 가로질러 미끄럼틀로 달려갔어요.

단계별로 연습하기

1단계 — 올바른 발음을 익혀요.

발음이 어렵거나 헷갈리는 낱말들을 정확하게 읽어요.

① 씩씩하게 [씩씨카게]　② 좋게 [조케]
③ 빵집 [빵찝]　　　　　④ 맛있는 [마신는/마딘는]
⑤ 꽃집 [꼳찝]　　　　　⑥ 들어서면 [드러서면]

2단계 — 듣고 따라 읽어요.

QR코드에서 들려주는 선생님의 음성을 들으며 읽는 연습을 해요.

1. 정확하게 따라 읽어요.
2. 속도에 맞춰 따라 읽어요.
3. 자연스럽게 따라 읽어요.

3단계 — 다시 읽어봐요.

다시 소리 내어 읽고, 걸린 시간을 아래 빈칸에 써 보세요.

걸린 시간　　분　　초

정답 ▶ 157쪽

내용을 확인해요

본문에서 읽었던 내용을 떠올리며 아래 문제를 풀어봐요.

1 주인공이 학교 가는 길에 지나는 것에 <u>모두</u> ○ 하세요.

| 신호등 | 횡단보도 | 소방서 | 은행 |
| 빵집 | 공원 | 꽃집 | 치과 |

2 여러분이 집에서 학교 가는 길에 보는 것을 4가지만 써 보세요.

＿＿＿＿＿＿＿＿＿ , ＿＿＿＿＿＿＿＿＿

＿＿＿＿＿＿＿＿＿ , ＿＿＿＿＿＿＿＿＿

03 학교 가는 길

문장 부호를 알아봐요

1주차 4일 04

국어 1학년 1학기 | 6. 또박또박 읽어요
- 총 어절 수 37개
- 권장 읽기 시간 40초

아래 글을 소리 내어 읽고, 걸린 시간을 아래 빈칸에 써 보세요.

설명하는 문장 끝에는 마침표(.)를 찍어요.
묻는 문장 끝에는 물음표(?)를 써요.
느낌을 나타내는 문장 끝에는 느낌표(!)를 써요.
부르는 말이나 대답하는 말 뒤에는 쉼표(,)를 넣어요.
쉼표 뒤에는 조금 쉬어 읽어요.
마침표, 물음표, 느낌표 뒤에는
쉼표보다 조금 더 쉬어 읽어요.

나는 아주 끝내주지.

아, 느낌이 온다, 와!

뭘 물어볼 땐 항상 나를 불러줘.

좀 쉬어가며 하자구.

걸린 시간   분   초

낱말을 익혀요

본문에 수록된 주요 낱말들의 뜻을 익혀요.

1 설명하다
- 뜻: 어떤 것을 남에게 알기 쉽게 풀어 말하다
- 예문: 아빠는 지도를 보며 우리가 갈 곳을 설명해 주셨다.

2 찍다
- 뜻: 바닥에 대고 눌러서 자국을 내다
- 예문: 문장이 끝날 때마다 항상 마침표를 찍어야 해.

3 읽다
- 뜻: 글이나 글자를 보고 그 음대로 소리를 내어 말로 나타내다
- 예문: 선생님께서 우리들에게 동화책을 실감나게 읽어 주셨다.

단계별로 연습하기

1단계 - 올바른 발음을 익혀요.

발음이 어렵거나 헷갈리는 낱말들을 정확하게 읽어요.

① 끝에는 [끄테는]　　② 찍어요 [찌거요]
③ 묻는 [문는]　　　　④ 물음표 [무름표]
⑤ 넣어요 [너어요]　　⑥ 읽어요 [일거요]

2단계 - 듣고 따라 읽어요.

QR코드에서 들려주는 선생님의 음성을 들으며 읽는 연습을 해요.

1. 정확하게 따라 읽어요.
2. 속도에 맞춰 따라 읽어요.
3. 자연스럽게 따라 읽어요.

3단계 - 다시 읽어봐요.

다시 소리 내어 읽고, 걸린 시간을 아래 빈칸에 써 보세요.

걸린 시간　　분　　초

정답 ▶ 157쪽

내용을 확인해요

본문에서 읽었던 내용을 떠올리며 아래 문제를 풀어봐요.

1 다음을 읽고, 맞으면 ○, 틀리면 × 하세요.

① 묻는 문장 끝에는 느낌표(!)를 써요.　　(　　)
② 쉼표 뒤에는 조금 쉬어 읽어요.　　(　　)
③ 마침표 뒤에는 쉼표보다 조금 짧게 쉬어 읽어요.　　(　　)

2 빈칸에 알맞은 문장 부호를 쓰세요.

① 마침표는 설명하는 문장 끝에 쓴다 ☐
② 할아버지 ☐ 안녕히 주무셨어요 ☐
③ 우와! 눈이 정말 많이 왔어 ☐

04 문장 부호를 알아봐요

1주차 5일 **05**

국어 1학년 1학기 | 7. 알맞은 낱말을 찾아요

- 총 어절 수 40개
- 권장 읽기 시간 40초

토끼의 간

아래 글을 소리 내어 읽고, 걸린 시간을 아래 빈칸에 써 보세요.

🐢 토끼야, 내가 넓고 멋진 용궁을 구경시켜 줄까?
🐰 좋아! 혼자 낚시만 해서 심심했거든.
(해설) 용궁에 도착하자, 용왕이 말했어요.
👑 저 토끼를 밧줄로 꽁꽁 묶어라!
🐰 앗, 왜 이러세요?
👑 내 병을 고치려면 네 간이 필요하구나!
🐰 평소에는 간을 밖에 꺼내 둬서 지금은 없어요. 육지에 갔다 올게요!

걸린 시간 ⬜ 분 ⬜ 초

낱말을 익혀요

본문에 수록된 주요 낱말들의 뜻을 익혀요.

1 용궁
- 뜻: 옛날이야기나 전설에서, 바닷속에 있다고 전해지는 바다 궁전
- 예문: 용왕님은 용궁에서 토끼의 간이 도착하기만을 기다렸어요.

2 낚시
- 뜻: 물고기를 낚는 데 쓰는 도구를 사용해 물고기를 잡는 일
- 예문: 아빠와 함께 바닷가에서 낚시를 했다.

3 육지
- 뜻: 지구에서 물로 된 부분이 아닌 흙이나 돌로 된 부분
- 예문: 육지에 도착한 토끼는 거북이를 놀리며 달아났어요.

단계별로 연습하기

1단계 — 올바른 발음을 익혀요.

발음이 어렵거나 헷갈리는 낱말들을 정확하게 읽어요.

① 넓고 [널꼬] ② 낚시 [낙씨]
③ 밧줄 [바쭐/받쭐] ④ 묶어라 [무꺼라]
⑤ 필요하구나 [피료하구나] ⑥ 육지 [육찌]

2단계 — 듣고 따라 읽어요.

QR코드에서 들려주는 선생님의 음성을 들으며 읽는 연습을 해요.

1. 정확하게 따라 읽어요.
2. 속도에 맞춰 따라 읽어요.
3. 자연스럽게 따라 읽어요.

3단계 — 다시 읽어봐요.

다시 소리 내어 읽고, 걸린 시간을 아래 빈칸에 써 보세요.

걸린 시간 ☐ 분 ☐ 초

정답 ▶ 157쪽

내용을 확인해요

본문에서 읽었던 내용을 떠올리며 아래 문제를 풀어봐요.

1 거북이는 토끼에게 무엇을 하자고 했나요?

① 함께 낚시를 하자고 했다.
② 용궁을 구경시켜 주겠다고 했다.
③ 숲 속에서 숨바꼭질을 하자고 했다.

2 ☐ 안에 들어갈 글자를 받침에 유의하여 바르게 쓰세요.

① ☐고 멋진 용궁을 구경시켜 줄까?
② 토끼를 밧줄로 꽁꽁 ☐어라!
③ 간을 ☐에 꺼내 둬서 지금은 ☐어요.

2주차 1일 06

놀이공원

국어 1학년 1학기 | 7. 알맞은 낱말을 찾아요

- 총 어절 수 40개
- 권장 읽기 시간 40초

아래 글을 소리 내어 읽고, 걸린 시간을 아래 빈칸에 써 보세요.

가족이랑 놀이공원에 가는 날!
어제 준비해 둔 옷을 입고, 모자를 썼다.
신발을 신고 장갑까지 낀 후, 출발했다.
놀이공원에 도착하니 눈이 휘둥그레졌다.
놀이기구가 참 많았다.
아빠랑 바이킹을 탈 때
양팔을 번쩍 들면서
"끼야호!"
하고 외치는 게 재미있었다.
놀이기구를 실컷 탄 날이었다.

걸린 시간 분 초

 본문에 수록된 주요 낱말들의 뜻을 익혀요.

1 휘둥그레지다
- 뜻: 놀라거나 무서워서 눈이 크고 둥그렇게 되다
- 예문: 친구가 보여준 마술이 신기해서 눈이 휘둥그레졌다.

2 번쩍
- 뜻: 몸의 한 부분을 갑자기 가볍게 위로 들어 올리는 모양
- 예문: 강아지가 소리에 놀라 귀를 번쩍 세웠다.

3 실컷
- 뜻: 하고 싶은 대로 한껏
- 예문: 오늘 나는 친구랑 실컷 놀았다.

단계별로 연습하기

1단계 — 올바른 발음을 익혀요.

발음이 어렵거나 헷갈리는 낱말들을 정확하게 읽어요.

① 놀이공원 [노리공원]　　② 옷을 [오슬]
③ 입고 [입꼬]　　　　　　④ 도착하니 [도차카니]
⑤ 휘둥그레졌다 [휘둥그레젇따]　⑥ 실컷 [실컫]

2단계 — 듣고 따라 읽어요.

QR코드에서 들려주는 선생님의 음성을 들으며 읽는 연습을 해요.

1. 정확하게 따라 읽어요.
2. 속도에 맞춰 따라 읽어요.
3. 자연스럽게 따라 읽어요.

3단계 — 다시 읽어봐요.

다시 소리 내어 읽고, 걸린 시간을 아래 빈칸에 써 보세요.

걸린 시간　　분　　초

정답 ▶ 157쪽

내용을 확인해요

본문에서 읽었던 내용을 떠올리며 아래 문제를 풀어봐요.

1 글쓴이가 눈이 휘둥그레진 까닭은 무엇인가요?

① 배가 고파서　　② 놀이기구가 많아서　　③ 바이킹이 무서워서

2 ( ) 안에 들어갈 알맞은 낱말을 연결하세요.

① 옷을 ( )　　•　　•　㉠ 신다
② 모자를 ( )　　•　　•　㉡ 입다
③ 장갑을 ( )　　•　　•　㉢ 끼다
④ 신발을 ( )　　•　　•　㉣ 쓰다

07 계절에 따른 생활 모습

2주차 2일 | 국어 1학년 1학기 | 2. 받침이 있는 글자를 읽어요

- 총 어절 수 40개
- 권장 읽기 시간 40초

아래 글을 소리 내어 읽고, 걸린 시간을 아래 빈칸에 써 보세요.

우리나라는 봄, 여름, 가을, 겨울의
사계절이 뚜렷해요.
생활 모습도 계절에 따라 달라져요.
봄에는 꽃이 피어서 꽃구경을 많이 가요.
여름에는 더워서 시원한 바다나
계곡으로 피서를 가요.
가을에는 추수를 하고, 단풍을 보러 가요.
겨울에는 추워서 나무에도 옷을 입혀요.
여러분은 어느 계절을 좋아하나요?

걸린 시간 　 분 　 초

낱말을 익혀요

본문에 수록된 주요 낱말들의 뜻을 익혀요.

1 계절
- 뜻: 일 년을 자연 현상에 따라 봄, 여름, 가을, 겨울로 나눈 것의 한때
- 예문: 여름은 더운 계절이에요.

2 피서
- 뜻: 더위를 피해 시원한 곳으로 감
- 예문: 우리 가족은 여름마다 바닷가로 피서를 가요.

3 추수
- 뜻: 가을에 논과 밭에서 잘 익은 곡식이나 작물 등을 거두어들임
- 예문: 할아버지는 추수한 옥수수를 말려서 보관하셨어요.

단계별로 연습하기

1단계 올바른 발음을 익혀요.

발음이 어렵거나 헷갈리는 낱말들을 정확하게 읽어요.

① 사계절 [사계절/사게절] ② 뚜렷해요 [뚜려태요]
③ 꽃구경 [꼳꾸경] ④ 많이 [마니]
⑤ 계곡으로 [계고그로] ⑥ 입혀요 [이펴요]

2단계 듣고 따라 읽어요.

QR코드에서 들려주는 선생님의 음성을 들으며 읽는 연습을 해요.

1 정확하게 따라 읽어요.
2 속도에 맞춰 따라 읽어요.
3 자연스럽게 따라 읽어요.

3단계 다시 읽어봐요.

다시 소리 내어 읽고, 걸린 시간을 아래 빈칸에 써 보세요.

걸린 시간 분 초

정답 ▶ 157쪽

내용을 확인해요

본문에서 읽었던 내용을 떠올리며 아래 문제를 풀어봐요.

1 다음을 읽고, 맞으면 O, 틀리면 × 하세요.

① 우리나라는 계절의 변화가 거의 없다. ( )
② 사람들의 생활 모습은 계절에 따라 달라진다. ( )
③ 추위 때문에 나무에도 옷을 입히는 계절은 여름이다. ( )

2 빈칸의 초성에 맞춰 알맞은 낱말을 쓰세요.

① 우리 가족은 여름마다 계곡으로 [ㅍ][ㅅ]을/를 가요.
② 가을엔 노랗고 빨간 [ㄷ][ㅍ]을/를 구경하러 가는 사람이 많아요.

07 계절에 따른 생활 모습 27

2주차 3일 08

속담으로 보는 계절

국어 1학년 1학기 | 5. 반갑게 인사해요

- 총 어절 수 39개
- 권장 읽기 시간 40초

아래 글을 소리 내어 읽고, 걸린 시간을 아래 빈칸에 써 보세요.

사계절이 뚜렷한 우리나라는 계절과 관련된 속담이 많습니다.
'꽃샘추위에 설늙은이 얼어 죽는다.'는 속담이 있습니다.
봄철의 추위가 매섭다는 뜻입니다.
'장마 끝물의 참외는 거저 줘도 안 먹는다.'는
속담은 여름과 관련된 속담입니다.
비가 많이 오면 과일이 맛이 없어진다는
의미입니다.
재미있는 속담을 또 찾아봅시다.

걸린 시간 분 초

낱말을 익혀요

본문에 수록된 주요 낱말들의 뜻을 익혀요.

1 속담
- 뜻: 옛날부터 사람들 사이에서 전해져 오는 교훈이 담긴 짧은 말
- 예문: **속담**에는 생활에서 얻은 지혜가 담겨 있어요.

2 꽃샘추위
- 뜻: 이른 봄, 꽃이 필 무렵의 추위
- 예문: **꽃샘추위** 때문에 벚꽃이 늦게 필 수도 있대요.

3 장마
- 뜻: 여름철에 여러 날 계속해서 비가 오는 현상
- 예문: **장마**철에는 비가 며칠 동안 계속 내려요.

단계별로 연습하기

1단계 — 올바른 발음을 익혀요.

발음이 어렵거나 헷갈리는 낱말들을 정확하게 읽어요.

① 사계절이 [사계저리] ② 속담이 [속따미]
③ 꽃샘추위 [꼳쌤추위] ④ 설늙은이 [설늘그니]
⑤ 매섭다 [매섭따] ⑥ 끝물 [끈물]

2단계 — 듣고 따라 읽어요.

QR코드에서 들려주는 선생님의 음성을 들으며 읽는 연습을 해요.

1. 정확하게 따라 읽어요.
2. 속도에 맞춰 따라 읽어요.
3. 자연스럽게 따라 읽어요.

3단계 — 다시 읽어봐요.

다시 소리 내어 읽고, 걸린 시간을 아래 빈칸에 써 보세요.

걸린 시간 　 분 　 초

정답 ▶ 157쪽

 **내용을 확인해요**   본문에서 읽었던 내용을 떠올리며 아래 문제를 풀어봐요.

1 다음 중 봄과 관련된 속담은 무엇인가요?

① 꽃샘추위에 설늙은이 얼어 죽는다.
② 여름에 하루 놀면 겨울에 열흘 굶는다.
③ 장마 끝물의 참외는 거저 줘도 안 먹는다.

2 알맞은 낱말에 ○ 하세요.

① (동화는 / 속담은) 옛날부터 내려온 짧고 교훈이 담긴 말이에요.
② 꽃샘추위는 봄철에 갑자기 (추워지는 / 더워지는) 날씨를 뜻해요.
③ 장마가 오면 (비가 / 눈이) 며칠 동안 계속 내려요.

2주차 4일 09

국어 1학년 1학기 | 1. 글자를 만들어요

- 총 어절 수 41개
- 권장 읽기 시간 40초

우리 글자의 처음 이름

아래 글을 소리 내어 읽고, 걸린 시간을 아래 빈칸에 써 보세요.

훈민정음은 세종대왕이 만든 우리 글자의 처음 이름이에요.
'백성을 가르치는 바른 소리'라는 뜻이지요.
옛날에는 우리말을 적을 글자가 없어
한자를 빌려 썼어요.
그런데 한자가 어려워서 글로 소통하지 못하는
백성들이 많았어요.
세종대왕은 이런 백성들을 안타깝게 여기시고,
누구나 쉽게 배우고 쓸 수 있는
훈민정음을 만들었답니다.

걸린 시간 분 초

 **낱말을 익혀요**   본문에 수록된 주요 낱말들의 뜻을 익혀요.

1 한자
- 뜻: 중국에서 만들어 오늘날에도 쓰고 있는 중국 고유의 문자
- 예문: 나는 내 이름을 한자로도 쓸 수 있다.

2 소통하다
- 뜻: 오해가 없도록 뜻이나 생각이 서로 잘 통하다
- 예문: 친구와 잘 소통하려면 서로의 말을 귀 기울여 들어야 해요.

3 안타깝다
- 뜻: 보기에 가엾고 불쌍해서 가슴이 아프고 답답하다
- 예문: 길 잃은 강아지의 모습을 보니 안타까웠다.

단계별로 연습하기

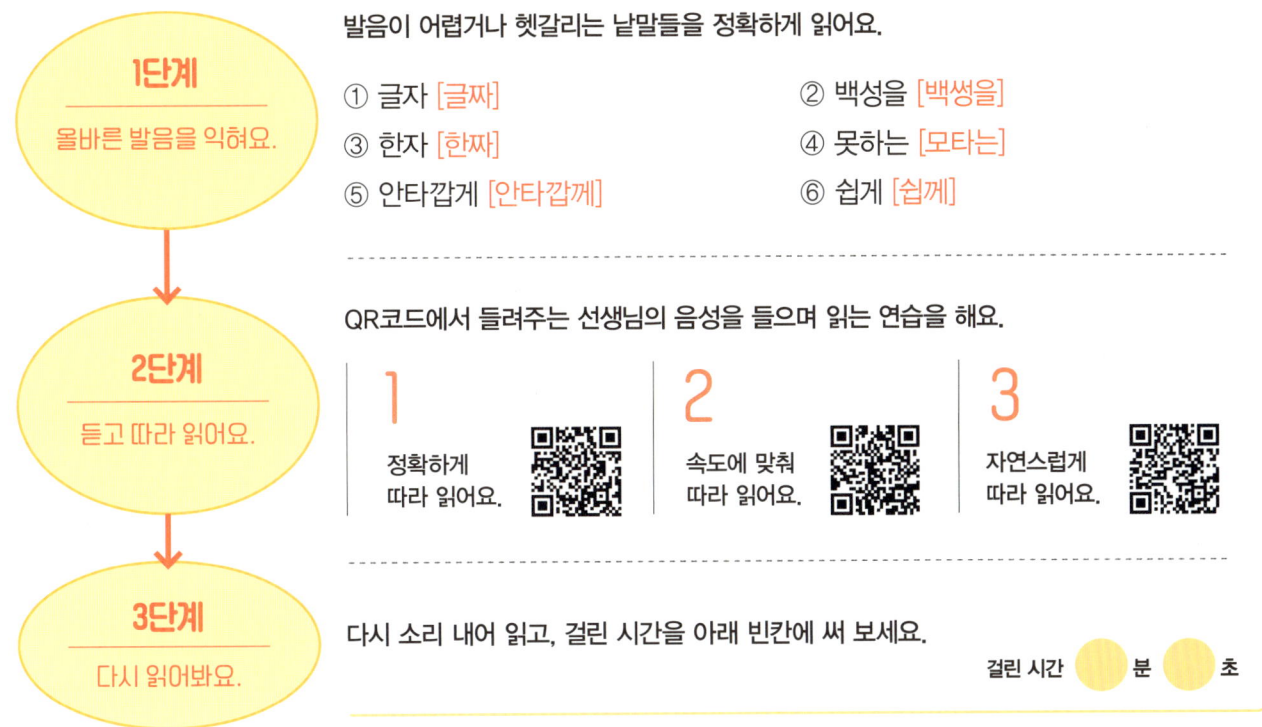

1단계 올바른 발음을 익혀요.

발음이 어렵거나 헷갈리는 낱말들을 정확하게 읽어요.

① 글자 [글짜] ② 백성을 [백썽을]
③ 한자 [한짜] ④ 못하는 [모타는]
⑤ 안타깝게 [안타깝께] ⑥ 쉽게 [쉽께]

2단계 듣고 따라 읽어요.

QR코드에서 들려주는 선생님의 음성을 들으며 읽는 연습을 해요.

1. 정확하게 따라 읽어요.
2. 속도에 맞춰 따라 읽어요.
3. 자연스럽게 따라 읽어요.

3단계 다시 읽어봐요.

다시 소리 내어 읽고, 걸린 시간을 아래 빈칸에 써 보세요.

걸린 시간 ◯ 분 ◯ 초

정답 ▶ 157쪽

내용을 확인해요

본문에서 읽었던 내용을 떠올리며 아래 문제를 풀어봐요.

1 훈민정음에 관한 설명이 아닌 것은 무엇인가요?

① 세종대왕이 만들었다.
② 우리 글자의 요즘 이름이다.
③ '백성을 가르치는 바른 소리'라는 뜻이다.

2 빈칸에 공통으로 들어갈 낱말을 쓰세요.

- 우리말을 적을 글자가 없어 _____을/를 빌려 썼어요.
- 백성들은 _____을/를 몰라서 억울한 일을 당하기도 했어요.

09 우리 글자의 처음 이름

2주차 5일 10 한옥에 담긴 지혜

국어 1학년 1학기 | 6. 또박또박 읽어요

- 총 어절 수 38개
- 권장 읽기 시간 40초

아래 글을 소리 내어 읽고, 걸린 시간을 아래 빈칸에 써 보세요.

한옥은 우리나라의 전통 집이에요.
흙, 돌, 나무 같은 자연 재료로 지었답니다.
나무로 집의 뼈대를 세우고,
지붕에는 기와를 얹었어요.
돌과 흙으로 벽을 쌓고,
창문에는 창호지를 발라
바람이 잘 통하게 했어요.
방은 온돌로 따뜻하게 데워
겨울에도 포근하게 지낼 수 있어요.

걸린 시간   분   초

낱말을 익혀요
본문에 수록된 주요 낱말들의 뜻을 익혀요.

1. 기와
- 뜻: 흙, 금속 등의 재료로 넓적하게 만들어서 지붕을 덮는 데 쓰는 물건
- 예문: 옛날에는 흙을 빚어 모양을 만든 뒤 구워서 기와를 만들었어요.

2. 창호지
- 뜻: 한지의 한 종류로 주로 문을 바르는 데 쓰는 종이
- 예문: 나는 몰래 찢어진 창호지 틈으로 바깥 상황을 엿보았다.

3. 온돌
- 뜻: 불의 따뜻한 기운이 방 밑을 지나가면서 방을 데워주는 장치
- 예문: 온돌은 불을 피우는 부엌과 이어져서 에너지를 아껴줬어요.

단계별로 연습하기

1단계 올바른 발음을 익혀요.

발음이 어렵거나 헷갈리는 낱말들을 정확하게 읽어요.

① 한옥 [하녹]　　② 흙 [흑]
③ 같은 [가튼]　　④ 지었답니다 [지얻땀니다]
⑤ 얹었어요 [언저써요]　　⑥ 따뜻하게 [따뜨타게]

2단계 듣고 따라 읽어요.

QR코드에서 들려주는 선생님의 음성을 들으며 읽는 연습을 해요.

1 정확하게 따라 읽어요.　　2 속도에 맞춰 따라 읽어요.　　3 자연스럽게 따라 읽어요.

3단계 다시 읽어봐요.

다시 소리 내어 읽고, 걸린 시간을 아래 빈칸에 써 보세요.

걸린 시간　분　초

정답 ▶ 157쪽

내용을 확인해요

본문에서 읽었던 내용을 떠올리며 아래 문제를 풀어봐요.

1 옛날 한옥에 사용되었던 재료는 무엇인가요?

① 흙　　② 유리　　③ 플라스틱

2 빈칸의 초성에 맞춰 알맞은 낱말을 쓰세요.

① ㅎ ㅇ 은/는 우리나라의 전통 집이에요.

② 한옥의 창문에는 ㅊ ㅎ ㅈ 을/를 발라 바람이 잘 통하게 했어요.

③ ㅇ ㄷ 은/는 방을 따뜻하게 데울 수 있었어요.

10 한옥에 담긴 지혜

1장 〈국어〉 마무리 활동

정답 ▶ 157쪽

1 1장에서 배운 내용을 생각하며, 아래의 낱말을 정확하게 읽어봐요.

1	자음자	2	모음자
3	소리마디	4	개울가
5	징검다리	6	무사히
7	나서다	8	들어서다
9	가로지르다	10	마침표
11	물음표	12	느낌표
13	쉼표	14	낚시
15	육지	16	휘둥그레지다
17	실컷	18	계절
19	피서	20	추수
21	속담	22	꽃샘추위
23	장마	24	훈민정음
25	한자	26	안타깝다
27	한옥	28	기와
29	창호지	30	온돌

1장에 실린 내용들을 잘 이해했는지 다시 한번 문제를 풀면서 확인해 보세요.

2 다음을 읽고, 맞으면 O, 틀리면 ×하세요.

1과 ① '자전거'는 2개의 소리마디로 이루어졌다. (　　)

4과 ② '밥 먹었니(　)'에서 (　) 안에 들어갈 문장부호는 '?'이다. (　　)

5과 ③ '용궁'은 땅속에 있다고 전해지는 궁전이다. (　　)

8과 ④ 꽃샘추위는 한겨울의 추위를 말한다. (　　)

9과 ⑤ 우리 글자의 처음 이름은 '훈민정음'이다. (　　)

3 <보기>에서 알맞은 낱말을 골라 빈칸에 쓰세요.

보기
기와　　실컷　　추수　　나서다　　무사히　　창호지

2과 ① 배가 [　　　] 항구에 도착했다.

3과 ② 학교에 가려고 집을 [　　　].

6과 ③ 밥을 [　　　] 먹어서 아직도 배가 부르다.

7과 ④ 가을에 농부들이 [　　　]을/를 한다.

10과 ⑤ 한옥은 지붕에 [　　　]을/를 얹는다.

2장

수학

11	같은 수, 다른 뜻
12	수를 바르게 읽어요
13	수로 보는 태극기
14	아무것도 없을 땐?
15	여러 가지 모양
16	아름다운 우리 문양
17	10개씩 묶어 세요
18	덧셈식과 뺄셈식
19	비교하는 표현들
20	수 이어 가기 놀이

같은 수, 다른 뜻

수학 1학년 1학기 | 1. 9까지의 수

- 총 어절 수 39개
- 권장 읽기 시간 40초

아래 글을 소리 내어 읽고, 걸린 시간을 아래 빈칸에 써 보세요.

다음에 나오는 수는 모두 3이지만, 나타내는 의미는 서로 달라요.

① 사과가 3개 있어요.
　여기서 3은 개수를 나타내요.

② 친구가 앞에서 셋째에 있어요.
　여기서 3은 차례를 나타내요.

③ 아파트 3동이 보여요.
　여기서 3은 이름을 나타내요.

이렇게 같은 수라도 쓰이는 곳에 따라 뜻이 달라진답니다.

걸린 시간　　분　　초

낱말을 익혀요

본문에 수록된 주요 낱말들의 뜻을 익혀요.

1 의미
- 뜻: 말이나 글, 기호 등이 나타내는 뜻
- 예문: 신호등은 색깔마다 의미가 달라요.

2 개수
- 뜻: 하나씩 세는 물건의 수
- 예문: 식탁 위에 있는 사탕의 개수는 모두 10개예요.

3 차례
- 뜻: 어떤 일을 하거나 어떤 일이 일어나는 순서
- 예문: 친구들과 게임할 때 차례를 정했어요.

단계별로 연습하기

1단계 — 올바른 발음을 익혀요.

발음이 어렵거나 헷갈리는 낱말들을 정확하게 읽어요.

① 다음에 [다으메] ② 개수 [개쑤]
③ 앞에서 [아페서] ④ 셋째 [섿째]
⑤ 이름을 [이르믈] ⑥ 뜻이 [뜨시]

2단계 — 듣고 따라 읽어요.

QR코드에서 들려주는 선생님의 음성을 들으며 읽는 연습을 해요.

1. 정확하게 따라 읽어요.
2. 속도에 맞춰 따라 읽어요.
3. 자연스럽게 따라 읽어요.

3단계 — 다시 읽어봐요.

다시 소리 내어 읽고, 걸린 시간을 아래 빈칸에 써 보세요.

걸린 시간 [ ] 분 [ ] 초

정답 ▶ 158쪽

내용을 확인해요

본문에서 읽었던 내용을 떠올리며 아래 문제를 풀어봐요.

1 다음 중 개수를 나타내는 것은 무엇인가요?

① 친구 5명 ② 버스 5번 ③ 다섯 번째 줄

2 오른쪽에서 둘째에 있는 물건에 ○ 하세요.

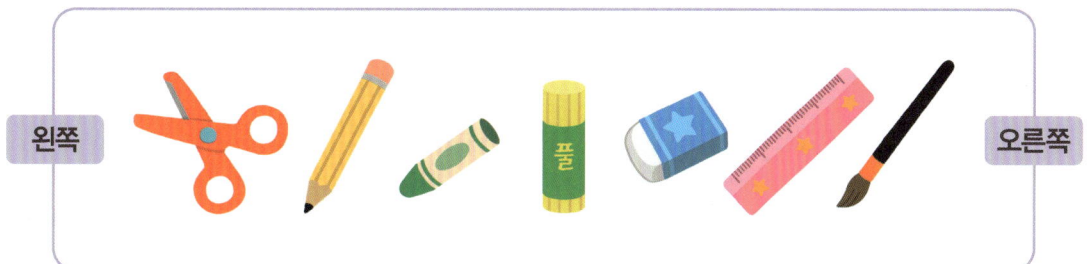

왼쪽 ⟵ ⟶ 오른쪽

12. 수를 바르게 읽어요

3주차 2일

수학 1학년 1학기 | 1. 9까지의 수
- 총 어절 수 40개
- 권장 읽기 시간 40초

아래 글을 소리 내어 읽고, 걸린 시간을 아래 빈칸에 써 보세요.

수를 읽는 방법은 두 가지가 있어요.
'하나, 둘, 셋, 넷, 다섯, 여섯, 일곱, 여덟, 아홉'이라고 읽을 때도 있고,
'일, 이, 삼, 사, 오, 육, 칠, 팔, 구'라고 읽을 때도 있어요.
상황에 따라 다르게 읽지만, 뜻은 같아요.
정확하게 수를 읽어 보아요.

걸린 시간   분   초

낱말을 익혀요
본문에 수록된 주요 낱말들의 뜻을 익혀요.

1 방법
- 뜻: 어떤 일을 해 나가기 위한 수단이나 방식
- 예문: 오늘 수업 시간에 연필을 바르게 쥐는 방법을 배웠어요.

2 가지
- 뜻: 사물의 종류를 헤아리는 말
- 예문: 여러 가지 색의 꽃이 피었어요.

3 상황
- 뜻: 일이 진행되어 가는 형편이나 모양
- 예문: 어떤 말을 할 때에는 항상 상황에 맞게 말해야 해요.

40 2장 수학

단계별로 연습하기

1단계 — 올바른 발음을 익혀요.

발음이 어렵거나 헷갈리는 낱말들을 정확하게 읽어요.

① 읽는 [잉는]　　② 여덟 [여덜]
③ 읽을 [일글]　　④ 읽지만 [익찌만]
⑤ 뜻은 [뜨슨]　　⑥ 읽어 [일거]

2단계 — 듣고 따라 읽어요.

QR코드에서 들려주는 선생님의 음성을 들으며 읽는 연습을 해요.

1 정확하게 따라 읽어요.
2 속도에 맞춰 따라 읽어요.
3 자연스럽게 따라 읽어요.

3단계 — 다시 읽어봐요.

다시 소리 내어 읽고, 걸린 시간을 아래 빈칸에 써 보세요.

걸린 시간 분 초

정답 ▶ 158쪽

내용을 확인해요

본문에서 읽었던 내용을 떠올리며 아래 문제를 풀어봐요.

1 수를 바르게 읽은 것을 <u>모두</u> 고르세요.

① 구　　② 칠　　③ 일곱

2 수와 읽는 방법을 연결하세요.

① 4　　　ㄱ 사　　　㉮ 여섯
② 8　　　ㄴ 육　　　㉯ 여덟
③ 6　　　ㄷ 팔　　　㉰ 넷

3주차 3일 13

수학 1학년 1학기 | 1. 9까지의 수
- 총 어절 수 40개
- 권장 읽기 시간 40초

수로 보는 태극기

아래 글을 소리 내어 읽고, 걸린 시간을 아래 빈칸에 써 보세요.

태극기에는 1개의 태극 문양이 있어요.
태극 문양에는 2가지 색이 들어 있고요.
태극 문양의 윗부분은 빨간색,
아랫부분은 파란색이에요.
네 모서리에는 4개의 괘가 있어요.
괘의 이름은 '건, 곤, 감, 이'이고,
각각 하늘, 땅, 물, 불을 뜻해요.
그럼, 태극기에는 몇 가지 색이 쓰였을까요?

걸린 시간 　 분 　 초

낱말을 익혀요 — 본문에 수록된 주요 낱말들의 뜻을 익혀요.

1 태극기
- 뜻: 대한민국의 국기
- 예문: 우리 교실 칠판 위에는 태극기가 걸려 있다.

2 문양
- 뜻: 물건을 장식하기 위해 표면에 그리거나 새겨 넣은 무늬
- 예문: 할머니는 문양이 예쁜 보자기로 선물을 포장하셨어요.

3 각각
- 뜻: 여럿을 하나씩 떼어 놓은 하나하나의 것
- 예문: 색연필 각각에 하나하나 이름표를 붙였다.

단계별로 연습하기

1단계 올바른 발음을 익혀요.

발음이 어렵거나 헷갈리는 낱말들을 정확하게 읽어요.

① 태극기 [태극끼] ② 문양 [무냥]
③ 들어 [드러] ④ 윗부분 [윋뿌분/위뿌분]
⑤ 아랫부분 [아랟뿌분/아래뿌분] ⑥ 뜻해요 [뜨태요]

2단계 듣고 따라 읽어요.

QR코드에서 들려주는 선생님의 음성을 들으며 읽는 연습을 해요.

1 정확하게 따라 읽어요.
2 속도에 맞춰 따라 읽어요.
3 자연스럽게 따라 읽어요.

3단계 다시 읽어봐요.

다시 소리 내어 읽고, 걸린 시간을 아래 빈칸에 써 보세요.

걸린 시간 분 초

정답 ▶ 158쪽

내용을 확인해요

본문에서 읽었던 내용을 떠올리며 아래 문제를 풀어봐요.

1 수를 바르게 읽은 것에 ○ 하세요.

① 지우개가 1개(일 개 / 한 개) 있다.
② 나는 2가지(두 가지 / 이 가지) 방법으로 문제를 풀었다.
③ 태극기의 네 모서리에는 4개(사 개 / 네 개)의 괘가 있다.

2 빈칸의 초성에 맞춰 알맞은 낱말을 쓰세요.

① 태극기의 가운데에는 ㅌ ㄱ 문양이 그려져 있어요.
② 태극기의 4 ㄱ 은/는 각각 하늘, 땅, 물, 불을 의미해요.

아무것도 없을 땐?

수학 1학년 1학기 | 1. 9까지의 수

- 총 어절 수 40개
- 권장 읽기 시간 40초

아래 글을 소리 내어 읽고, 걸린 시간을 아래 빈칸에 써 보세요.

  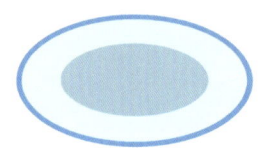

접시에 사과 3개가 있었습니다.

동생이 사과 2개를 먹어서 1개가 남았습니다.

남은 사과 1개는 내가 먹었습니다.

이제 접시에는 사과가 하나도 없습니다.

이렇게 아무것도 없는 것을 수로는 어떻게 나타내면 좋을까요?

그래서 생긴 수가 바로 '0'입니다.

아무것도 없는 것을 '0'이라고 쓰고, '영'이라고 읽습니다.

걸린 시간   분   초

 **낱말을 익혀요**   본문에 수록된 주요 낱말들의 뜻을 익혀요.

1 수
- 뜻: 셀 수 있는 사물을 세어서 나타낸 값
- 예문: 우리 반 학생 수를 세어 보았다.

2 바로
- 뜻: 다름이 아니라 곧
- 예문: 유진이네 집이 바로 저기다.

3 영(0)
- 뜻: 값이 없는 수
- 예문: 양 팀 모두 한 골도 못 넣어서 현재 점수는 0(영) 대 0(영)이다.

단계별로 연습하기

1단계 올바른 발음을 익혀요.

발음이 어렵거나 헷갈리는 낱말들을 정확하게 읽어요.

① 접시 [접씨]   ② 없습니다 [업씀니다]
③ 아무것도 [아무거또]   ④ 없는 [엄는]
⑤ 좋을까요 [조을까요]   ⑥ 읽습니다 [익씀니다]

2단계 듣고 따라 읽어요.

QR코드에서 들려주는 선생님의 음성을 들으며 읽는 연습을 해요.

1 정확하게 따라 읽어요.
2 속도에 맞춰 따라 읽어요.
3 자연스럽게 따라 읽어요.

3단계 다시 읽어봐요.

다시 소리 내어 읽고, 걸린 시간을 아래 빈칸에 써 보세요.

걸린 시간 ◯ 분 ◯ 초

정답 ▶ 158쪽

내용을 확인해요

본문에서 읽었던 내용을 떠올리며 아래 문제를 풀어봐요.

1 의 수를 쓰세요.

🍎🍎🍎🍎🍎🍎	🍎🍎🍎	
( )	( )	( )

2 빈칸에 공통으로 들어가는 수를 쓰세요.

- 아무것도 없는 것을 _____ 이라 씁니다.
- 1보다 1만큼 더 작은 수는 _____ 입니다.

14 아무것도 없을 땐?

3주차 5일 15

여러 가지 모양

수학 1학년 1학기 | 2. 여러 가지 모양

- 총 어절 수 40개
- 권장 읽기 시간 40초

아래 글을 소리 내어 읽고, 걸린 시간을 아래 빈칸에 써 보세요.

상자 모양

둥근 기둥 모양

구슬 모양

수학 시간에 교실에서 여러 가지 모양 찾기 놀이를 했다.
교실에서 모양을 닮은 물건들을 찾아서 같은 모양끼리 모아 보고,
모둠 친구들과 여러 가지 모양의 이름을 지었다.
우리 모둠은 여러 가지 모양의 이름을 각각
상자 모양, 둥근 기둥 모양, 구슬 모양으로 정했다.

걸린 시간 분 초

낱말을 익혀요 본문에 수록된 주요 낱말들의 뜻을 익혀요.

1 모양
- 뜻: 겉으로 나타나는 생김새나 모습
- 예문: 친구는 동그란 모양의 안경을 썼다.

2 닮다
- 뜻: 둘 이상의 사람 또는 사물이 서로 비슷한 생김새나 성질을 지니다
- 예문: 나는 아빠를 많이 닮았다.

3 짓다
- 뜻: 이름 등을 정하다
- 예문: 강아지의 이름을 '여름'이라고 지었다.

단계별로 연습하기

1단계 올바른 발음을 익혀요.

발음이 어렵거나 헷갈리는 낱말들을 정확하게 읽어요.

① 찾기 [찯끼]　　② 놀이를 [노리를]
③ 닮은 [달믄]　　④ 찾아서 [차자서]
⑤ 각각 [각깍]　　⑥ 정했다 [정핻따]

2단계 듣고 따라 읽어요.

QR코드에서 들려주는 선생님의 음성을 들으며 읽는 연습을 해요.

1 정확하게 따라 읽어요.
2 속도에 맞춰 따라 읽어요.
3 자연스럽게 따라 읽어요.

3단계 다시 읽어봐요.

다시 소리 내어 읽고, 걸린 시간을 아래 빈칸에 써 보세요.

걸린 시간　　분　　초

정답 ▶ 158쪽

내용을 확인해요

본문에서 읽었던 내용을 떠올리며 아래 문제를 풀어봐요.

1 다음을 읽고, 맞으면 ○, 틀리면 × 하세요.

① 국어 시간에 여러 가지 모양 찾기 놀이를 했다.　　(　)
② 교실에서 여러 가지 모양을 닮은 물건들을 찾았다.　　(　)
③ 혼자서 여러 가지 모양의 이름을 정했다.　　(　)

2 여러 가지 모양의 이름을 여러분이 직접 지어 보세요.

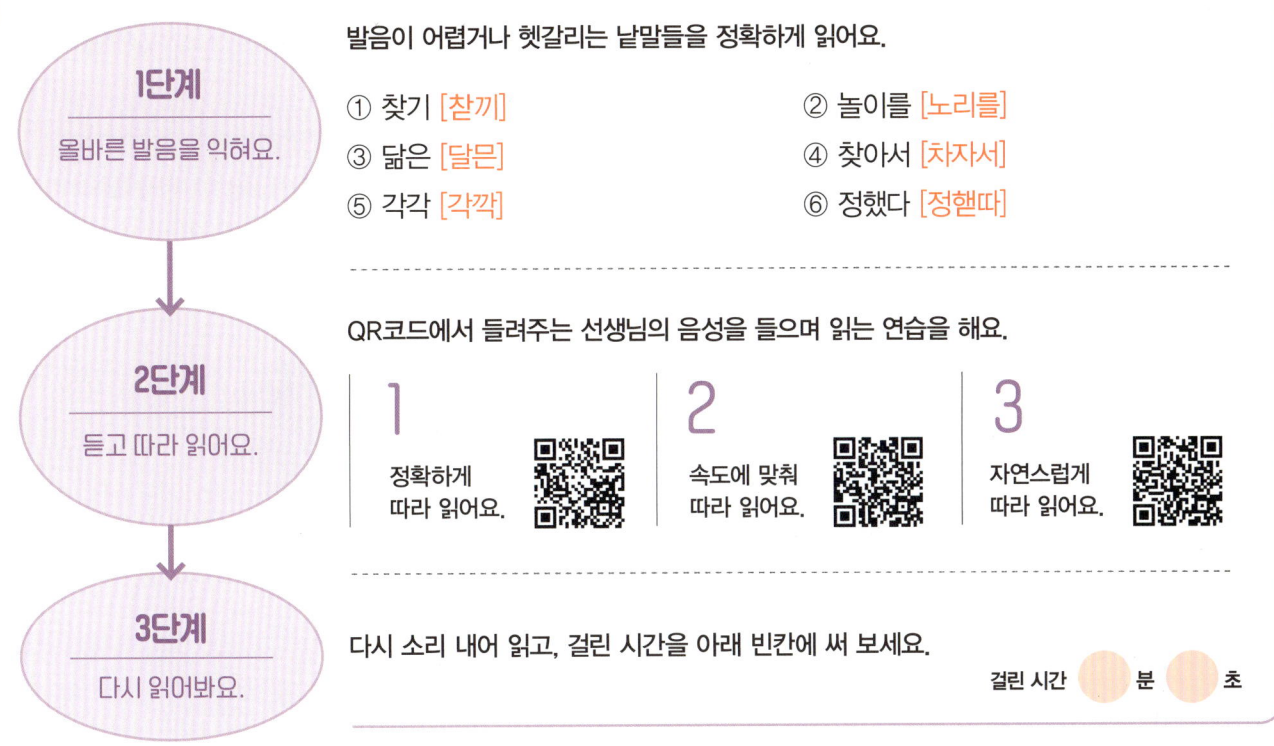

(　　)　　(　　)　　(　　)

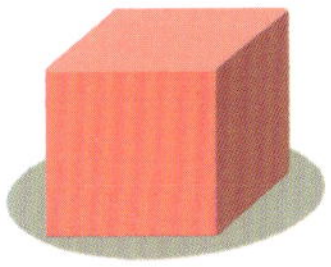

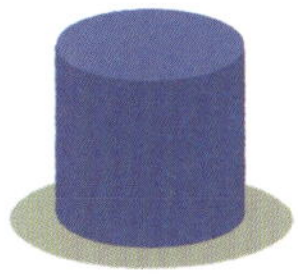

15 여러 가지 모양

아름다운 우리 문양

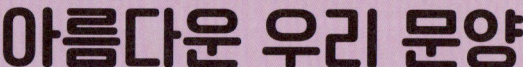

아래 글을 소리 내어 읽고, 걸린 시간을 아래 빈칸에 써 보세요.

우리 조상들은 여러 가지 모양으로 문양을 만들었어요.
문양은 물건을 꾸미는 모양을 말해요.
우리 조상들은 집이나 그릇과 같은 생활용품에 문양을 넣어 사용했어요.
궁궐의 기와나 문살에서도 문양을 찾아볼 수 있어요.
우리나라 문양은 아름다울 뿐만 아니라
번영, 건강, 행복을 바라는 마음도 담겨 있어요.

걸린 시간 　　분　　초

낱말을 익혀요

본문에 수록된 주요 낱말들의 뜻을 익혀요.

1 생활용품
- 뜻: 생활하는 데에 기본적으로 필요한 물건
- 예문: 여러 생활용품 중에서 문양이 새겨진 접시가 특히 예뻐 보였어요.

2 문살
- 뜻: 문에 종이를 바르거나 유리를 끼우는 데 뼈대가 되는 가느다란 나무 대
- 예문: 문살에 붙인 종이가 찢어져 있어요.

3 번영
- 뜻: 한 사회나 단체가 잘되고 풍요로워짐
- 예문: 조상들은 나라의 번영을 바라며 문양을 만들었어요.

단계별로 연습하기

1단계 올바른 발음을 익혀요.

발음이 어렵거나 헷갈리는 낱말들을 정확하게 읽어요.

① 집이나 [지비나] ② 그릇과 [그른꽈]
③ 생활용품 [생활룡품] ④ 넣어 [너어]
⑤ 문살 [문쌀] ⑥ 번영 [버녕]

2단계 듣고 따라 읽어요.

QR코드에서 들려주는 선생님의 음성을 들으며 읽는 연습을 해요.

1 정확하게 따라 읽어요.
2 속도에 맞춰 따라 읽어요.
3 자연스럽게 따라 읽어요.

3단계 다시 읽어봐요.

다시 소리 내어 읽고, 걸린 시간을 아래 빈칸에 써 보세요.

걸린 시간 분 초

정답 ▶ 158쪽

내용을 확인해요

본문에서 읽었던 내용을 떠올리며 아래 문제를 풀어봐요.

1 '문양'의 뜻과 가장 가까운 말은 무엇인가요?

① 모양   ② 색깔   ③ 장소

2 다음을 읽고, 맞으면 O, 틀리면 × 하세요.

① 우리 문양에는 여러 가지 모양이 들어 있다. (   )
② 문살은 문에 그린 그림이다. (   )
③ 조상들은 문양을 그릇, 옷, 집에 사용했다. (   )
④ 우리나라 문양은 아름다움에만 신경을 썼다. (   )

10개씩 묶어 세요

수학 1학년 1학기 | 5. 50까지의 수

- 총 어절 수 40개
- 권장 읽기 시간 40초

아래 글을 소리 내어 읽고, 걸린 시간을 아래 빈칸에 써 보세요.

10보다 큰 수를 셀 때 하나하나 세면 시간이 오래 걸려요.
그럼 어떻게 세면 좋을까요?
10개씩 묶어 세면 빠트리지 않고 정확하게 셀 수 있어요.
10개씩 묶음과 낱개를 보면 수로 나타내기도 편리하고,
수의 크기도 빠르게 비교할 수 있어요.
10개씩 묶어 세어 보세요.

 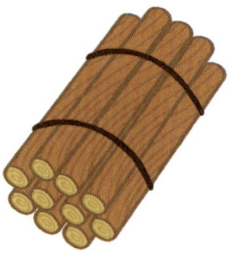

걸린 시간   분   초

낱말을 익혀요

본문에 수록된 주요 낱말들의 뜻을 익혀요.

1 빠트리다
- 뜻: 갖추어야 할 것을 갖추지 않다
- 예문: 필통을 빠트리고 안 가져왔어.

2 낱개
- 뜻: 여럿 가운데 따로따로인 한 개 한 개
- 예문: 10개씩 묶음 3개와 낱개 4개는 34입니다.

3 편리하다
- 뜻: 이용하기 쉽고 편하다
- 예문: 이 가방은 가벼워서 갖고 다닐 때 편리해.

단계별로 연습하기

1단계 — 올바른 발음을 익혀요.

발음이 어렵거나 헷갈리는 낱말들을 정확하게 읽어요.

① 어떻게 [어떠케]   ② 묶어 [무꺼]
③ 않고 [안코]   ④ 묶음 [무끔]
⑤ 낱개 [낟깨]   ⑥ 편리 [펼리]

2단계 — 듣고 따라 읽어요.

QR코드에서 들려주는 선생님의 음성을 들으며 읽는 연습을 해요.

1 정확하게 따라 읽어요.
2 속도에 맞춰 따라 읽어요.
3 자연스럽게 따라 읽어요.

3단계 — 다시 읽어봐요.

다시 소리 내어 읽고, 걸린 시간을 아래 빈칸에 써 보세요.

걸린 시간 분 초

정답 ▶ 158쪽

내용을 확인해요

본문에서 읽었던 내용을 떠올리며 아래 문제를 풀어봐요.

1 알맞은 수를 연결하세요.

① 10개씩 묶음 5개 •   • ㉠ 36
② 10개씩 묶음 3개와 낱개 6개 •   • ㉡ 47
③ 10개씩 묶음 4개와 낱개 7개 •   • ㉢ 50

2 빈칸에 알맞은 수를 쓰세요.

수	23	35	③ _____
10개씩 묶음	2	② _____	4
낱개	① _____	5	2

수학 1학년 1학기 | 3. 덧셈과 뺄셈

- 총 어절 수 40개
- 권장 읽기 시간 40초

덧셈식과 뺄셈식

아래 글을 소리 내어 읽고, 걸린 시간을 아래 빈칸에 써 보세요.

덧셈식은 덧셈을 나타내는 식이고,
뺄셈식은 뺄셈을 나타내는 식이에요.
덧셈식과 뺄셈식을 만들 때 사용하는 기호는
+(더하기), -(빼기), =(같다)예요.
덧셈식과 뺄셈식을 바르게 읽어 보아요.

3 + 1 = 4	3 더하기 1은 4와 같습니다. 3과 1의 합은 4입니다.
4 - 3 = 1	4 빼기 3은 1과 같습니다. 4와 3의 차는 1입니다.

걸린 시간 분 초

 **낱말을 익혀요** 본문에 수록된 주요 낱말들의 뜻을 익혀요.

1 기호
- 뜻: 어떤 뜻을 나타내기 위해 쓰는 여러 가지 표시
- 예문: 같다는 뜻을 나타내는 기호는 '='예요.

2 합
- 뜻: 둘 이상의 수를 더해서 얻은 값
- 예문: 5와 1의 합은 6이에요.

3 차
- 뜻: 어떤 수에서 다른 수를 뺀 나머지
- 예문: 7과 4의 차는 3이에요.

단계별로 연습하기

1단계 올바른 발음을 익혀요.

발음이 어렵거나 헷갈리는 낱말들을 정확하게 읽어요.

① 덧셈 [덛쎔] ② 식이고 [시기고]
③ 뺄셈 [뺄쎔] ④ 같다 [갇따]
⑤ 같습니다 [갇씀니다] ⑥ 입니다 [임니다]

2단계 듣고 따라 읽어요.

QR코드에서 들려주는 선생님의 음성을 들으며 읽는 연습을 해요.

1 정확하게 따라 읽어요.
2 속도에 맞춰 따라 읽어요.
3 자연스럽게 따라 읽어요.

3단계 다시 읽어봐요.

다시 소리 내어 읽고, 걸린 시간을 아래 빈칸에 써 보세요.

걸린 시간 ○ 분 ○ 초

정답 ▶ 158쪽

내용을 확인해요

본문에서 읽었던 내용을 떠올리며 아래 문제를 풀어봐요.

1 '같다'는 뜻을 나타내는 기호는 무엇인가요?

① +   ② −   ③ =

2 다음 덧셈식과 뺄셈식을 두 가지 방법으로 바르게 읽어 보세요.

① 5+4=9

② 9−4=5

4주차 4일

19 비교하는 표현들

수학 1학년 1학기 | 4. 비교하기
- 총 어절 수 40개
- 권장 읽기 시간 40초

아래 글을 소리 내어 읽고, 걸린 시간을 아래 빈칸에 써 보세요.

연필은 크레파스보다 더 깁니다.
크레파스는 연필보다 더 짧습니다.

돌멩이는 깃털보다 더 무겁습니다.
깃털은 돌멩이보다 더 가볍습니다.

양동이는 컵보다 담을 수 있는 양이 더 많습니다.
컵은 양동이보다 담을 수 있는 양이 더 적습니다.

운동장은 교실보다 더 넓습니다.
교실은 운동장보다 더 좁습니다.

걸린 시간 ⬤ 분 ⬤ 초

낱말을 익혀요

본문에 수록된 주요 낱말들의 뜻을 익혀요.

1 비교하다
- 뜻: 둘 이상의 것을 함께 놓고 어떤 점이 같고 다른지 살펴보다
- 예문: 언니와 나를 비교하는 말을 들으니, 기분이 안 좋았다.

2 양동이
- 뜻: 한 손으로 들 수 있도록 손잡이를 단 들통
- 예문: 그는 수돗가에서 양동이에 가득 물을 담았다.

3 적다
- 뜻: 수나 양이 많지 않다
- 예문: '적다'의 반대말은 '많다'이고, '작다'의 반대말은 '크다'이다.

단계별로 연습하기

1단계 올바른 발음을 익혀요.

발음이 어렵거나 헷갈리는 낱말들을 정확하게 읽어요.

① 깁니다 [김니다]   ② 짧습니다 [짤씀니다]
③ 많습니다 [만씀니다]   ④ 적습니다 [적씀니다]
⑤ 넓습니다 [널씀니다]   ⑥ 좁습니다 [좁씀니다]

2단계 듣고 따라 읽어요.

QR코드에서 들려주는 선생님의 음성을 들으며 읽는 연습을 해요.

1 정확하게 따라 읽어요.
2 속도에 맞춰 따라 읽어요.
3 자연스럽게 따라 읽어요.

3단계 다시 읽어봐요.

다시 소리 내어 읽고, 걸린 시간을 아래 빈칸에 써 보세요.

걸린 시간 분 초

정답 ▶ 158쪽

내용을 확인해요

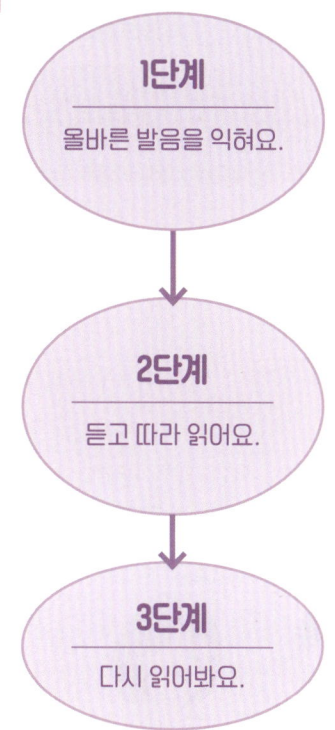

본문에서 읽었던 내용을 떠올리며 아래 문제를 풀어봐요.

1 길이를 비교하는 말은 무엇인가요?

① 많습니다   ② 짧습니다   ③ 가볍습니다

2 반대말끼리 연결하세요.

① 무겁습니다 •   • ㉠ 적습니다
② 많습니다 •   • ㉡ 짧습니다
③ 넓습니다 •   • ㉢ 좁습니다
④ 깁니다 •   • ㉣ 가볍습니다

4주차 5일 20

수 이어 가기 놀이

수학 1학년 1학기 | 5. 50까지의 수
- 총 어절 수 40개
- 권장 읽기 시간 40초

아래 글을 소리 내어 읽고, 걸린 시간을 아래 빈칸에 써 보세요.

친구들과 50까지 수를 이어 가는 놀이를 했다.
한 사람이 수를 3개까지 말할 수 있고,
50을 말하는 사람이 지는 놀이였다.
시우가 45, 46을 말하고,
지아가 47, 48, 49를 세었다.
그래서 내가 50을 말할 수밖에 없었다.
다음에는 전략을 잘 세워서
놀이를 해야겠다.

 45, 46

 47, 48, 49
 ……

걸린 시간 ◯ 분 ◯ 초

낱말을 익혀요

본문에 수록된 주요 낱말들의 뜻을 익혀요.

1 지다
- 뜻: 경기나 싸움 등에서 상대에게 이기지 못하다
- 예문: 축구 경기에서 우리 팀이 아깝게 졌다.

2 세다
- 뜻: 수를 헤아리다
- 예문: 집에 라면이 몇 개 남았는지 개수를 셌다.

3 전략
- 뜻: 이기기 위한 방법과 계획
- 예문: 이순신 장군은 뛰어난 전략 덕분에 전쟁에서 이겼다.

단계별로 연습하기

1단계 올바른 발음을 익혀요.

발음이 어렵거나 헷갈리는 낱말들을 정확하게 읽어요.

① 놀이 [노리]   ② 했다 [핻따]
③ 있고 [읻꼬]   ④ 세었다 [세얻따]
⑤ 수밖에 [수바께]   ⑥ 전략 [절략]

2단계 듣고 따라 읽어요.

QR코드에서 들려주는 선생님의 음성을 들으며 읽는 연습을 해요.

1 정확하게 따라 읽어요.
2 속도에 맞춰 따라 읽어요.
3 자연스럽게 따라 읽어요.

3단계 다시 읽어봐요.

다시 소리 내어 읽고, 걸린 시간을 아래 빈칸에 써 보세요.

걸린 시간 ◯ 분 ◯ 초

정답 ▶ 158쪽

내용을 확인해요

본문에서 읽었던 내용을 떠올리며 아래 문제를 풀어봐요.

1 ( ) 안에 설명하는 수를 쓰세요.

① 7보다 1만큼 더 큰 수 (   )   ② 15보다 1만큼 더 작은 수 (   )

③ 29보다 1만큼 더 큰 수 (   )   ④ 34보다 1만큼 더 작은 수 (   )

⑤ 44보다 1만큼 더 큰 수 (   )   ⑥ 50보다 1만큼 더 작은 수 (   )

2 <보기>의 수를 작은 수부터 순서대로 쓰세요.

| 보기 | 43 | 38 | 41 | 42 | 40 | 39 |

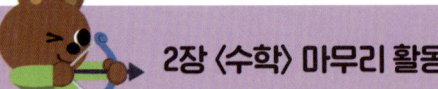

정답 ▶ 158쪽

1 2장에서 배운 내용을 생각하며, 아래의 낱말을 정확하게 읽어봐요.

1	의미	2	개수
3	차례	4	방법
5	여덟	6	상황
7	태극기	8	문양
9	각각	10	없습니다
11	영(0)	12	읽습니다
13	모양	14	닮다
15	짓다	16	생활용품
17	문살	18	번영
19	빠트리다	20	묶음
21	낱개	22	기호
23	합	24	차
25	비교하다	26	깁니다
27	짧습니다	28	지다
29	세다	30	전략

2 다음을 읽고, 맞으면 ○, 틀리면 ✕ 하세요.

13과 ① 태극기에는 태극 문양이 네 개 있다. ( )

14과 ② 아무것도 없는 것을 수로 나타내면 '0'이다. ( )

16과 ③ 우리나라 문양은 여러 가지 모양으로 이루어져 있다. ( )

17과 ④ 10개씩 묶음 3개와 낱개 4개는 43이다. ( )

18과 ⑤ '5+4=9'는 뺄셈식이다. ( )

3 <보기>에서 알맞은 낱말을 골라 빈칸에 쓰세요.

보기

삼   이름   전략   구슬 모양   무겁습니다   가볍습니다

11과 ① 아파트 6동의 6은 [   ]을/를 나타낸다.

12과 ② 3은 '셋'이라고 읽을 때도 있고, [   ](이)라고 읽을 때도 있다.

15과 ③ 우리는 공을 닮은 모양의 이름을 [   ](으)로 정했다.

19과 ④ 새끼 코끼리는 아빠 코끼리보다 더 [   ].

20과 ⑤ 경기에서 이기려면 [   ]을/를 잘 세워야 한다.

3장
통합 | 하루

21	입학했어요!
22	우리 학교의 상징
23	학교 도서관에 가요
24	교통 표지판을 알아볼까요?
25	분리배출은 일석이조!
26	응급 상황이 생기면?
27	스마트폰 바르게 사용하기
28	옛날 학교의 모습은?
29	자기소개를 해요
30	운동장에서 만난 태극기

21 입학했어요!

5주차 1일

학교 1학년 1학기 | • 지금 여기 우리 이야기

• 총 어절 수 39개
• 권장 읽기 시간 40초

아래 글을 소리 내어 읽고, 걸린 시간을 아래 빈칸에 써 보세요.

입학은 학교에 들어가는 특별한 일이에요.
초등학교에 입학하면 초등학교 1학년이 돼요.
등교는 학교로 가는 시간을 말해요.
책가방을 메고 설레는 마음으로 학교에 가요.
하교는 수업이 끝나고
집으로 돌아오는 시간이에요.
재미있는 이야기들을 가득 안고
학교에서 돌아와요.
여러분도 멋진 1학년이 될 수 있겠지요?

걸린 시간 ___ 분 ___ 초

낱말을 익혀요

본문에 수록된 주요 낱말들의 뜻을 익혀요.

1 입학
- 뜻: 학생이 되어 공부하기 위해 학교에 들어감
- 예문: 여러분의 입학을 축하합니다!

2 등교
- 뜻: 학생이 학교에 감
- 예문: 우리는 9시까지 등교해야 해요.

3 하교
- 뜻: 수업을 마치고 학교에서 집으로 돌아옴
- 예문: 친구들과 함께 하교하는 길은 언제나 즐거워요.

단계별로 연습하기

1단계 — 올바른 발음을 익혀요.

발음이 어렵거나 헷갈리는 낱말들을 정확하게 읽어요.

① 입학은 [이파근]   ② 학교 [학꾜]
③ 특별한 [특뼐한]   ④ 입학하면 [이파카면]
⑤ 책가방 [책까방]   ⑥ 끝나고 [끈나고]

2단계 — 듣고 따라 읽어요.

QR코드에서 들려주는 선생님의 음성을 들으며 읽는 연습을 해요.

1 정확하게 따라 읽어요.
2 속도에 맞춰 따라 읽어요.
3 자연스럽게 따라 읽어요.

3단계 — 다시 읽어봐요.

다시 소리 내어 읽고, 걸린 시간을 아래 빈칸에 써 보세요.

걸린 시간   분   초

정답 ▶ 159쪽

내용을 확인해요

본문에서 읽었던 내용을 떠올리며 아래 문제를 풀어봐요.

1 하교는 어떤 시간인가요?

① 학교로 가는 시간
② 학교에 처음 들어가는 날
③ 학교가 끝나고 집으로 돌아오는 시간

2 ( ) 안에 들어갈 알맞은 낱말을 연결하세요.

① 가방을 (   ) •   • ㉠ 설레다

② 마음이 (   ) •   • ㉡ 메다

21 입학했어요!

우리 학교의 상징

학교 1학년 1학기 | • 학교를 소개해요
- 총 어절 수 40개
- 권장 읽기 시간 40초

아래 글을 소리 내어 읽고, 걸린 시간을 아래 빈칸에 써 보세요.

학교를 상징하는 것에는 교표, 교목, 교화가 있다.

교표는 학교를 대표하는 그림이다.

교목은 학교를 상징하는 나무이다.

교화는 학교를 나타내는 꽃이다.

개교기념일은 학교가 처음 문을 연 날을 기념하는 날이다.

교가는 학교의 꿈과 자랑을 담은 노래다.

학교 누리집에서 학교 상징과 학교 소식을 찾아봐야겠다.

걸린 시간   분   초

낱말을 익혀요
본문에 수록된 주요 낱말들의 뜻을 익혀요.

1 상징
- 뜻: 보이지 않는 생각이나 뜻을 눈에 보이는 물건이나 그림으로 나타냄
- 예문: 태극기는 우리나라를 상징하는 깃발이에요.

2 대표
- 뜻: 전체의 상태나 특징을 어느 하나로 잘 나타냄
- 예문: 호랑이는 '용기'를 대표하는 동물이에요.

3 누리집
- 뜻: '홈페이지'를 우리말로 나타낸 것
- 예문: 학교 누리집에서 급식 메뉴를 확인했어요.

단계별로 연습하기

1단계 — 올바른 발음을 익혀요.

발음이 어렵거나 헷갈리는 낱말들을 정확하게 읽어요.

① 것에는 [거세는]　　② 있다 [읻따]
③ 꽃이다 [꼬치다]　　④ 기념일 [기녀밀]
⑤ 담은 [다믄]　　⑥ 찾아봐야겠다 [차자봐야겓따]

2단계 — 듣고 따라 읽어요.

QR코드에서 들려주는 선생님의 음성을 들으며 읽는 연습을 해요.

1 정확하게 따라 읽어요.
2 속도에 맞춰 따라 읽어요.
3 자연스럽게 따라 읽어요.

3단계 — 다시 읽어봐요.

다시 소리 내어 읽고, 걸린 시간을 아래 빈칸에 써 보세요.

걸린 시간　　분　　초

정답 ▶ 159쪽

내용을 확인해요

본문에서 읽었던 내용을 떠올리며 아래 문제를 풀어봐요.

1 단어와 설명을 바르게 연결하세요.

① 교표　　　　　㉠ 학교를 나타내는 꽃
② 교목　　　　　㉡ 학교를 대표하는 그림
③ 교화　　　　　㉢ 학교를 상징하는 나무

2 우리 학교 누리집에 들어가서 교목과 교화를 찾아 쓰세요.
(▶ 학교 누리집에서 대부분 '학교 소개' ➡ '학교 상징'으로 들어가면 볼 수 있어요.)

① 교목:　　　　　② 교화:

5주차 3일 23

학교 1학년 1학기 | • 도서관에 가 볼까요

학교 도서관에 가요

• 총 어절 수 40개
• 권장 읽기 시간 40초

아래 글을 소리 내어 읽고, 걸린 시간을 아래 빈칸에 써 보세요.

학교 도서관에서는 책을 읽고 빌릴 수 있어요.
도서관에서 책을 읽는 것을 '열람'이라고 하고,
책을 빌리는 것을 '대출'이라고 해요.
찾는 책이 있으면 검색대를 이용하거나
사서 선생님께 여쭈어봐요.
대출한 책을 제때 반납해야 연체되지 않으니,
반납 날짜를 잘 기억해요.
이제 학교 도서관에 가볼까요?

걸린 시간 ◯ 분 ◯ 초

낱말을 익혀요

본문에 수록된 주요 낱말들의 뜻을 익혀요.

1 제때
- 뜻: 정해 놓은 때
- 예문: 숙제를 밀리지 않고 제때 하는 습관을 들여요.

2 반납
- 뜻: 빌린 것이나 받은 것을 도로 돌려줌
- 예문: 빌린 책은 다 읽으면 도서관에 반납해야 해요.

3 연체
- 뜻: 내야 하는 돈이나 물건 등을 기한이 지나도록 내지 않음
- 예문: 우리 도서관은 연체한 날 수만큼 책을 빌릴 수 없어요.

단계별로 연습하기

1단계 — 올바른 발음을 익혀요.

발음이 어렵거나 헷갈리는 낱말들을 정확하게 읽어요.

① 읽고 [일꼬] ② 찾는 [찬는]
③ 검색대 [검색때] ④ 반납해야 [반나패야]
⑤ 않으니 [아느니] ⑥ 기억해요 [기어캐요]

2단계 — 듣고 따라 읽어요.

QR코드에서 들려주는 선생님의 음성을 들으며 읽는 연습을 해요.

1. 정확하게 따라 읽어요.
2. 속도에 맞춰 따라 읽어요.
3. 자연스럽게 따라 읽어요.

3단계 — 다시 읽어봐요.

다시 소리 내어 읽고, 걸린 시간을 아래 빈칸에 써 보세요.

걸린 시간 ○ 분 ○ 초

정답 ▶ 159쪽

내용을 확인해요

본문에서 읽었던 내용을 떠올리며 아래 문제를 풀어봐요.

1 ( ) 안에 들어갈 알맞은 낱말을 연결하세요.

① 책을 도서관에서 (　　)했다.　　•　　•　㉠ 대출
② 책을 (　　)해서 집으로 가져갔다.　•　　•　㉡ 연체
③ 책을 늦게 반납해서 (　　)이/가 됐다.　•　•　㉢ 열람

2 빈칸의 초성에 맞춰 알맞은 낱말을 쓰세요.

도서관에서 책을 찾기 위해 ㄱ ㅅ ㄷ 에서 검색을 했다. '대출 가능' 이었는데, 책의 위치를 못 찾아서 ㅅ ㅅ 선생님께 여쭈어봤다.

23 학교 도서관에 가요

교통 표지판을 알아볼까요?

5주차 4일 24

학교 1학년 1학기 | 안전을 확인해요

- 총 어절 수 41개
- 권장 읽기 시간 40초

아래 글을 소리 내어 읽고, 걸린 시간을 아래 빈칸에 써 보세요.

도로에는 안전을 지키기 위한 약속을 알려주는 교통 표지판이 있어요.
교통 표지판에는 지시 표지판, 규제 표지판, 주의 표지판이 있어요.
지시 표지판은 파란색 바탕이고, '이렇게 하세요'를 나타내요.
규제 표지판은 빨간색으로 그려져 있고, 하면 안 되는 행동을 알려줘요.
주의 표지판은 노란색 바탕이고, '조심하세요'라고 알려줘요.

걸린 시간   분   초

낱말을 익혀요

본문에 수록된 주요 낱말들의 뜻을 익혀요.

1 지시
- 뜻: 무엇을 하라고 시킴
- 예문: 자전거 전용 표지판은 자전거만 다니라는 지시를 나타내요.

2 규제
- 뜻: 행동을 제한하거나 못하게 함
- 예문: 통행금지 표지판은 지나가면 안 된다는 규제를 나타내요.

3 주의
- 뜻: 마음에 새겨 두고 조심함
- 예문: 철길 건널목 표지판은 기차가 올 수 있으니 주의하라는 표시예요.

단계별로 연습하기

1단계 올바른 발음을 익혀요.

발음이 어렵거나 헷갈리는 낱말들을 정확하게 읽어요.

① 안전을 [안저늘]　② 약속을 [약쏘글]
③ 표지판이 [표지파니]　④ 있어요 [이써요]
⑤ 주의 [주의/주이]　⑥ 이렇게 [이러케]

2단계 듣고 따라 읽어요.

QR코드에서 들려주는 선생님의 음성을 들으며 읽는 연습을 해요.

1 정확하게 따라 읽어요.
2 속도에 맞춰 따라 읽어요.
3 자연스럽게 따라 읽어요.

3단계 다시 읽어봐요.

다시 소리 내어 읽고, 걸린 시간을 아래 빈칸에 써 보세요.

걸린 시간　 분　 초

정답 ▶ 159쪽

내용을 확인해요

본문에서 읽었던 내용을 떠올리며 아래 문제를 풀어봐요.

1 표지판과 의미를 알맞게 연결하세요.

① 지시 표지판　•　　•　㉠ 조심하세요
② 규제 표지판　•　　•　㉡ 하지 마세요
③ 주의 표지판　•　　•　㉢ 이렇게 하세요

2 다음 중 규제 표지판은 무엇인가요?

① 　② 　③

25

5주차 5일

분리배출은 일석이조!

학교 1학년 1학기 | • 모두 제자리
- 총 어절 수 38개
- 권장 읽기 시간 40초

아래 글을 소리 내어 읽고, 걸린 시간을 아래 빈칸에 써 보세요.

- 뭐해?
- 분리배출하는 거야.
- 분리배출이 뭔데?
- 쓰레기를 종류별로 나눠 버리는 거야.
  일반 쓰레기는 쓰레기통에 버리고,
  재활용품은 플라스틱, 캔류, 종이류, 병류로 구분해.
  또, 용기 속 내용물은 비우고, 깨끗이 헹궈.
- 용기에 붙은 상표나 비닐은 떼고?
- 맞아! 자연도 보호하고, 자원도 절약하니 일석이조지?

걸린 시간 분 초

낱말을 익혀요

본문에 수록된 주요 낱말들의 뜻을 익혀요.

1 용기
- 뜻: 물건을 담는 그릇
- 예문: 플라스틱 용기는 재활용할 수 있어요.

2 자원
- 뜻: 사람이 살거나 물건을 만드는 데 필요한 물건이나 재료
- 예문: 쓰레기를 줄이면 지구의 자원을 지킬 수 있어요.

3 일석이조
- 뜻: 돌 한 개로 새 두 마리를 잡는다는 뜻으로, 동시에 두 가지 이익을 얻음
- 예문: 운동을 하면 건강도 좋아지고 기분도 좋아지니, 일석이조예요.

단계별로 연습하기

1단계 — 올바른 발음을 익혀요.

발음이 어렵거나 헷갈리는 낱말들을 정확하게 읽어요.

① 분리배출 [불리배출]   ② 종류별로 [종뉴별로]
③ 재활용품 [재화룡품]   ④ 깨끗이 [깨끄시]
⑤ 붙은 [부튼]   ⑥ 일석이조 [일써기조]

2단계 — 듣고 따라 읽어요.

QR코드에서 들려주는 선생님의 음성을 들으며 읽는 연습을 해요.

1. 정확하게 따라 읽어요.
2. 속도에 맞춰 따라 읽어요.
3. 자연스럽게 따라 읽어요.

3단계 — 다시 읽어봐요.

다시 소리 내어 읽고, 걸린 시간을 아래 빈칸에 써 보세요.

걸린 시간   분   초

정답 ▶ 159쪽

내용을 확인해요

본문에서 읽었던 내용을 떠올리며 아래 문제를 풀어봐요.

1 분리배출은 어떻게 하는 것인가요?

① 쓰레기를 한꺼번에 버리는 거예요.
② 쓰레기를 모아서 쌓아 두는 거예요.
③ 쓰레기를 종류별로 나누어 버리는 거예요.

2 빈칸에 알맞은 낱말을 쓰세요.

> 방을 청소했더니 깨끗해졌어요. 물건도 쉽게 찾을 수 있고요.
> 청소는 ☐☐☐☐ 네요!

6주차 1일
26

응급 상황이 생기면?

학교 1학년 1학기 | • 안전하게 놀아요

• 총 어절 수 40개
• 권장 읽기 시간 40초

아래 글을 소리 내어 읽고, 걸린 시간을 아래 빈칸에 써 보세요.

응급 상황이 생기면 먼저 환자를 확인해요.
"괜찮으세요?"라고 물어보고,
대답이 없거나 도와달라고 하면
크게 외쳐서 주변에 도움을 요청해요.
119에 전화할 땐 침착하게
위급한 상황을 설명해요.
어디에서 무슨 일이 일어났는지 말하고,
전화를 끊지 않고 기다려요.
위험한 곳이면 가까이 가지 말고 구조대를 기다려요.

걸린 시간 분 초

 **낱말을 익혀요** 본문에 수록된 주요 낱말들의 뜻을 익혀요.

1 응급
- 뜻: 갑자기 위험한 일이 생겼을 때 빨리 도움을 주거나 해결함
- 예문: 구급차가 응급 환자를 싣고 병원으로 갔어요.

2 침착하다
- 뜻: 행동이 조심스럽고 차분하다
- 예문: 길을 잃었을 때는 침착하게 주변을 살펴야 해요.

3 위급
- 뜻: 어떤 일이나 상태가 몹시 위험하고 급함
- 예문: 사람이 갑자기 쓰러지면 위급한 상황이에요.

단계별로 연습하기

1단계 올바른 발음을 익혀요.

발음이 어렵거나 헷갈리는 낱말들을 정확하게 읽어요.

① 확인해요 [화긴해요]   ② 괜찮으세요 [괜차느세요]
③ 없거나 [업꺼나]   ④ 주변에 [주벼네]
⑤ 침착하게 [침차카게]   ⑥ 끊지 [끈치]

2단계 듣고 따라 읽어요.

QR코드에서 들려주는 선생님의 음성을 들으며 읽는 연습을 해요.

1. 정확하게 따라 읽어요.
2. 속도에 맞춰 따라 읽어요.
3. 자연스럽게 따라 읽어요.

3단계 다시 읽어봐요.

다시 소리 내어 읽고, 걸린 시간을 아래 빈칸에 써 보세요.

걸린 시간 ☐ 분 ☐ 초

정답 ▶ 159쪽

내용을 확인해요

본문에서 읽었던 내용을 떠올리며 아래 문제를 풀어봐요.

1 응급 상황에서 가장 먼저 해야 할 일은 무엇인가요?

① 119에 전화하기
② 환자의 상태를 확인하기
③ 큰 소리로 도움 요청하기

2 빈칸의 초성에 맞춰 알맞은 낱말을 쓰세요.

① 응급 상황이 생기면 환자에게 " ㄱ ㅊ ㅇ ㅅ ㅇ ? "라고 물어봐서 상태를 확인해요.

② 위험한 곳이면 가까이 가지 말고 ㄱ ㅈ ㄷ 을/를 기다려요.

26 응급 상황이 생기면?

스마트폰 바르게 사용하기

학교 1학년 1학기 | • 함께 약속해요

- 총 어절 수 40개
- 권장 읽기 시간 40초

아래 글을 소리 내어 읽고, 걸린 시간을 아래 빈칸에 써 보세요.

스마트폰을 바르게 사용하려면 사용 시간과 장소를 정해요.
스마트폰을 너무 오래 사용하면 눈이 아프고,
자세가 나빠질 수 있어요.
쉬는 시간에는 스마트폰 대신
다른 놀이를 해 보세요.
약속을 지켰는지 점검하며
스스로 조절하는 것이 중요해요.
바른 습관을 기르면 스마트폰을
똑똑하게 사용할 수 있어요!

걸린 시간 분 초

낱말을 익혀요

본문에 수록된 주요 낱말들의 뜻을 익혀요.

1. 자세
- 뜻: 몸을 움직이거나 가누는 태도
- 예문: 앉을 때 자세가 나쁘면 허리가 아플 수 있어요.

2. 점검하다
- 뜻: 낱낱이 검사하다
- 예문: 알림장을 보고 준비물을 잘 챙겼는지 점검해요.

3. 조절하다
- 뜻: 균형에 맞게 바로잡거나 상황에 알맞게 맞추다
- 예문: 감정을 잘 조절하면 친구들과 사이좋게 지낼 수 있어요.

단계별로 연습하기

1단계 올바른 발음을 익혀요.

발음이 어렵거나 헷갈리는 낱말들을 정확하게 읽어요.

① 눈이 [누니] ② 나빠질 수 [나빠질 쑤]
③ 지켰는지 [지켠는지] ④ 것이 [거시]
⑤ 습관 [습꽌] ⑥ 똑똑하게 [똑또카게]

2단계 듣고 따라 읽어요.

QR코드에서 들려주는 선생님의 음성을 들으며 읽는 연습을 해요.

1 정확하게 따라 읽어요.
2 속도에 맞춰 따라 읽어요.
3 자연스럽게 따라 읽어요.

3단계 다시 읽어봐요.

다시 소리 내어 읽고, 걸린 시간을 아래 빈칸에 써 보세요.

걸린 시간 ( ) 분 ( ) 초

정답 ▶ 159쪽

내용을 확인해요

본문에서 읽었던 내용을 떠올리며 아래 문제를 풀어봐요.

1 나의 모습과 가까운 것에 O 하고, 아래 ( ) 안에 각각 개수를 쓰세요.

	나의 모습은 어떤가요?	예	아니요
1	부모님과 약속한 시간 만큼 스마트폰을 사용해요.		
2	스마트폰을 스스로 끄고 다른 놀이를 할 수 있어요.		
3	스마트폰 없이도 재미있게 놀 수 있어요.		
4	스마트폰 때문에 부모님이 걱정하시지 않아요.		
5	스마트폰 때문에 늦게 잠들지 않아요.		
6	공부하거나 놀 때 스마트폰이 생각나지 않아요.		
7	스마트폰이 없어도 답답하거나 심심하지 않아요.		

예: ( )개, 아니요: ( )개

27 스마트폰 바르게 사용하기

6주차 3일

28 옛날 학교의 모습은?

학교 1학년 1학기 | • 두근두근 학교가 궁금해요

- 총 어절 수 40개
- 권장 읽기 시간 40초

아래 글을 소리 내어 읽고, 걸린 시간을 아래 빈칸에 써 보세요.

김홍도는 조선 시대의 유명한 화가예요.
김홍도가 그린 '서당'에는 훈장님 앞에서 우는 아이와
그 모습을 보고 웃는 친구가 있어요.
갓을 쓴 사람도 보이고요.
서당은 옛날에 아이들이 글과
예절을 배우던 곳으로,
지금의 학교와 비슷한 곳이에요.
그림 속 사람들의 이야기를 상상하며
감상해 보세요.

(출처: 한국데이터산업진흥원)

걸린 시간　　분　　초

낱말을 익혀요

본문에 수록된 주요 낱말들의 뜻을 익혀요.

1 화가
- 뜻: 그림을 전문적으로 그리는 사람
- 예문: 김홍도는 사람들의 모습을 재미있게 그린 **화가**예요.

2 훈장
- 뜻: 글방의 선생
- 예문: **훈장**님은 서당의 선생님 같은 분이었어요.

3 갓
- 뜻: 옛날에 어른이 된 남자가 머리에 쓰던 테가 넓고 둥근 모자
- 예문: **갓**을 썼다는 건 장가를 간 사람이라는 뜻이었어요.

단계별로 연습하기

1단계 — 올바른 발음을 익혀요.

발음이 어렵거나 헷갈리는 낱말들을 정확하게 읽어요.

① 웃는 [운는] ② 갓을 [가슬]
③ 옛날에 [옌나레] ④ 예절을 [예저를]
⑤ 곳으로 [고스로] ⑥ 비슷한 [비스탄]

2단계 — 듣고 따라 읽어요.

QR코드에서 들려주는 선생님의 음성을 들으며 읽는 연습을 해요.

1 정확하게 따라 읽어요.
2 속도에 맞춰 따라 읽어요.
3 자연스럽게 따라 읽어요.

3단계 — 다시 읽어봐요.

다시 소리 내어 읽고, 걸린 시간을 아래 빈칸에 써 보세요.

걸린 시간   분   초

정답 ▶ 159쪽

내용을 확인해요

본문에서 읽었던 내용을 떠올리며 아래 문제를 풀어봐요.

1 다음을 읽고, 맞으면 ○, 틀리면 ✕ 하세요.

① 김홍도는 조선 시대의 유명한 장군이다. ( )
② 서당에서는 아이들이 글과 예절을 배웠다. ( )
③ 갓은 옛날에 여자아이들이 쓰던 모자이다. ( )

2 빈칸의 초성에 맞춰 알맞은 낱말을 쓰세요.

① 옛날에 아이들이 글과 예절을 배우던 곳을 ㅅㄷ 이라고 해요.
② ㅎㅈ 님은 서당의 선생님 같은 분이에요.

1주차 1일
29

학교 1학년 1학기 | • 괜찮아, 우리 모두 처음이야

- 총 어절 수 40개
- 권장 읽기 시간 40초

자기소개를 해요

아래 글을 소리 내어 읽고, 걸린 시간을 아래 빈칸에 써 보세요.

안녕, 내 이름은 강윤성이야. 만나서 반가워.
내가 좋아하는 음식은 떡볶이야.
매워도 맛있어서 자꾸 먹어.
그리고 난 책 읽는 것도 좋아해.
재미있는 책을 발견하면
나에게 추천해 줄래?
나도 내가 좋아하는 책을 소개해 줄게.
앞으로 사이좋게 지내자!
내 말을 잘 들어줘서 고마워.

걸린 시간   분   초

 **낱말을 익혀요**   본문에 수록된 주요 낱말들의 뜻을 익혀요.

1 발견하다
- 뜻: 아직 찾아내지 못했거나 세상에 알려지지 않은 것을 처음으로 찾아내다
- 예문: 우리 동네에서 맛있는 떡볶이집을 발견했다.

2 추천하다
- 뜻: 어떤 조건에 알맞은 사람이나 물건을 책임지고 소개하다
- 예문: 수민이는 지수를 반장 후보로 추천했다.

3 소개하다
- 뜻: 모르는 사실이나 내용을 잘 알도록 설명하다
- 예문: 윤희야, 내 친구 다영이를 소개해 줄게.

단계별로 연습하기

1단계 올바른 발음을 익혀요.

발음이 어렵거나 헷갈리는 낱말들을 정확하게 읽어요.

① 좋아하는 [조아하는]　② 떡볶이 [떡뽀끼]
③ 맛있어서 [마시써서 / 마디써서]　④ 것도 [걷또]
⑤ 재미있는 [재미인는]　⑥ 사이좋게 [사이조케]

2단계 듣고 따라 읽어요.

QR코드에서 들려주는 선생님의 음성을 들으며 읽는 연습을 해요.

1 정확하게 따라 읽어요.　2 속도에 맞춰 따라 읽어요.　3 자연스럽게 따라 읽어요.

3단계 다시 읽어봐요.

다시 소리 내어 읽고, 걸린 시간을 아래 빈칸에 써 보세요.

걸린 시간　　분　　초

정답 ▶ 160쪽

내용을 확인해요

본문에서 읽었던 내용을 떠올리며 아래 문제를 풀어봐요.

1 스스로 자기소개를 할 수 있도록 빈칸을 채워 쓰세요.

안녕, 내 이름은 _____(이)야. 만나서 반가워. 내가 좋아하는
　　　　　　　　　이름
음식은 _____(이)야. 그리고 난 _____을/를
　　좋아하는 음식　　　　　　　　　　좋아하는 일
좋아해. _____.
　　　　　　　　　　반 친구들과 함께 하고 싶은 일
내 말을 잘 들어줘서 고마워.

30. 운동장에서 만난 태극기

6주차 5일

학교 1학년 1학기 | • 학교 나들이

- 총 어절 수 40개
- 권장 읽기 시간 40초

아래 글을 소리 내어 읽고, 걸린 시간을 아래 빈칸에 써 보세요.

우리 학교 운동장 한쪽에는 태극기를 다는 곳이 있어요.
태극기는 국경일이나 기념일에 게양하고,
평소에도 태극기를 달 수 있어요.
국경일은 3.1절, 제헌절, 광복절,
개천절, 한글날이에요.
기념일은 현충일, 국군의 날 등
기념할 만한 날을 뜻해요.
현충일처럼 슬픈 기념일에는
깃발 폭만큼 내려서 조기를 달아요.

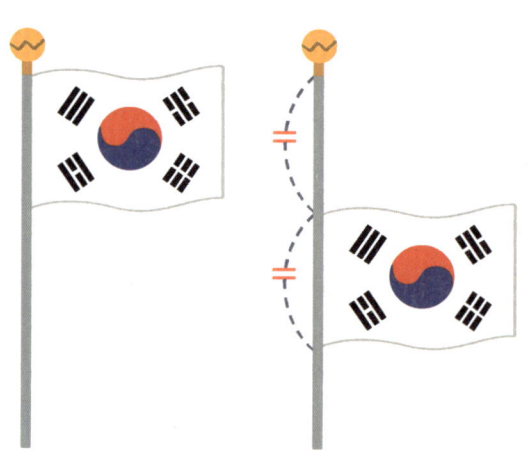

걸린 시간   분   초

낱말을 익혀요

본문에 수록된 주요 낱말들의 뜻을 익혀요.

1 국경일
- 뜻: 나라의 경사를 기념하기 위해 법으로 정하여 축하하는 날
- 예문: 제헌절은 우리나라 헌법이 만들어진 날을 기념하는 국경일이에요.

2 게양하다
- 뜻: 깃발을 높이 달다
- 예문: 학교에서 태극기를 게양하는 방법을 배웠어요.

3 조기
- 뜻: 슬픔을 나타내기 위해 깃대 끝에서 깃발 폭만큼 내려서 다는 국기
- 예문: 슬픈 날에는 조기를 게양하며 마음을 표현해요.

단계별로 연습하기

1단계 올바른 발음을 익혀요.

발음이 어렵거나 헷갈리는 낱말들을 정확하게 읽어요.

① 한쪽에는 [한쪼게는]   ② 국경일 [국꼉일]
③ 3.1절 [삼일쩔]   ④ 광복절 [광복쩔]
⑤ 국군 [국꾼]   ⑥ 달아요 [다라요]

2단계 듣고 따라 읽어요.

QR코드에서 들려주는 선생님의 음성을 들으며 읽는 연습을 해요.

1 정확하게 따라 읽어요.
2 속도에 맞춰 따라 읽어요.
3 자연스럽게 따라 읽어요.

3단계 다시 읽어봐요.

다시 소리 내어 읽고, 걸린 시간을 아래 빈칸에 써 보세요.

걸린 시간 분 초

정답 ▶ 160쪽

내용을 확인해요

본문에서 읽었던 내용을 떠올리며 아래 문제를 풀어봐요.

1 태극기를 깃대 끝에서 깃발 폭만큼 내려서 다는 날은 언제인가요?

① 3.1절   ② 현충일   ③ 국군의 날

2 달력에서 국경일을 찾아보고, 알맞은 날짜를 연결하세요.

① 개천절 •   • ㉠ 7월 17일
② 광복절 •   • ㉡ 8월 15일
③ 제헌절 •   • ㉢ 10월 3일
④ 한글날 •   • ㉣ 10월 9일

3장 〈통합-학교〉 마무리 활동

정답 ▶ 160쪽

1 3장에서 배운 내용을 생각하며, 아래의 낱말을 정확하게 읽어봐요.

1	입학	2	등교
3	하교	4	교표
5	교목	6	교화
7	대출	8	반납
9	연체	10	지시
11	규제	12	주의
13	분리배출	14	재활용품
15	일석이조	16	응급
17	침착하다	18	위급
19	자세	20	점검하다
21	조절하다	22	화가
23	훈장	24	갓
25	발견하다	26	추천하다
27	소개하다	28	국경일
29	게양하다	30	조기

2 다음을 읽고, 맞으면 O, 틀리면 ✕ 하세요.

22과 ① 개교기념일은 학교가 처음 문을 연 날을 기념하는 날이다. (   )

23과 ② 도서관에서 책을 읽는 것을 '반납'이라고 한다. (   )

24과 ③ '이렇게 하세요'를 나타내는 표지판은 주의 표지판이다. (   )

25과 ④ 분리배출을 할 때 재활용품은 쓰레기통에 버린다. (   )

28과 ⑤ '서당'은 오늘날의 학교와 비슷한 곳이다. (   )

3 <보기>에서 알맞은 낱말을 골라 빈칸에 쓰세요.

> **보기**
>
> 등교   점검   조기   추천   하교   침착하게

21과 ① 학교가 끝난 후 사물함을 정리하느라 늦게 [   ]했다.

26과 ② 상황이 위급하더라도 [   ] 행동하는 것이 좋다.

27과 ③ 빠트린 것은 없는지 목록을 확인하며 [   ]했다.

29과 ④ "네가 [   ] 해준 책은 정말 재미있었어! 고마워."

30과 ⑤ 현충일처럼 슬픈 기념일에는 [   ]을/를 단다.

4장
통합 | 사람들

31	걱정을 가져가는 인형
32	소고를 연주해요
33	소꿉놀이를 해 봤나요?
34	재능 기부 관리자
35	감염병을 조심해요
36	유괴를 조심해!
37	불이 났다면?
38	탈춤 속 사람들 이야기
39	함께하는 명절
40	누구를 초대할까요?

걱정을 가져가는 인형

1주차 1일 31

사람들 1학년 1학기 | 고민을 들어 봐요

- 총 어절 수 41개
- 권장 읽기 시간 40초

아래 글을 소리 내어 읽고, 걸린 시간을 아래 빈칸에 써 보세요.

걱정 인형은 과테말라에서 전해 내려오는 작은 인형이에요.
아이가 고민으로 힘들어할 때,
부모님이 여섯 개의 작은 인형이 든 주머니를 선물했대요.
아이가 인형에게 걱정을 말하고 베개 밑에 넣으면,
부모님은 인형을 치우고는 아이에게
"걱정 인형이 걱정을 가져갔어."
하고 말해요.
이렇게 하면 걱정이 사라진다고 믿었답니다.

걸린 시간 　　분　　초

낱말을 익혀요

본문에 수록된 주요 낱말들의 뜻을 익혀요.

1 과테말라
- 뜻: 중앙 아메리카에 있으며, 마야 문명의 중심지였던 나라
- 예문: 과테말라에서는 옛날 마야 사람들이 만든 멋진 건축물을 볼 수 있어요.

2 고민
- 뜻: 마음속에 걱정거리가 있어 괴로워하고 계속 신경 씀
- 예문: 제일 친한 친구와 다퉈서 고민이 생겼어요.

3 사라지다
- 뜻: 생각이나 감정 등이 없어지다
- 예문: 구름이 해를 가리자 무지개가 사라졌어요.

 단계별로 연습하기

1단계 — 올바른 발음을 익혀요.

발음이 어렵거나 헷갈리는 낱말들을 정확하게 읽어요.

① 걱정 [걱쩡] ② 여섯 [여섣]
③ 작은 [자근] ④ 밑에 [미테]
⑤ 가져갔어 [가저가써] ⑥ 믿었답니다 [미덛땀니다]

2단계 — 듣고 따라 읽어요.

QR코드에서 들려주는 선생님의 음성을 들으며 읽는 연습을 해요.

1 정확하게 따라 읽어요.
2 속도에 맞춰 따라 읽어요.
3 자연스럽게 따라 읽어요.

3단계 — 다시 읽어봐요.

다시 소리 내어 읽고, 걸린 시간을 아래 빈칸에 써 보세요.

걸린 시간 분 초

정답 ▶ 160쪽

 **내용을 확인해요**   본문에서 읽었던 내용을 떠올리며 아래 문제를 풀어봐요.

1 걱정 인형에 관한 설명으로 알맞은 것은 무엇인가요?

① 아이가 즐거워할 때 선물했다.
② 과테말라에서 전해 내려오는 인형이다.
③ 걱정 인형이 더 생기면 걱정이 사라진다고 믿었다.

2 걱정 인형을 놓았던 곳은 어디인가요?

① 베개 밑   ② 신발 속   ③ 지붕 위

32. 소고를 연주해요

1주차 2일

사람들 1학년 1학기 | • 우리 가족

• 총 어절 수 40개
• 권장 읽기 시간 40초

아래 글을 소리 내어 읽고, 걸린 시간을 아래 빈칸에 써 보세요.

소고는 우리나라의 전통 악기로,
한 손에 들고 치는 작은 북이에요.
손잡이인 자루를 잡고,
북채로 북면을 두드려요.
북면은 소리를 내는 부분이고,
테는 가장자리를 말해요.
북면과 테는 다른 소리가 나요.
소고는 왼손, 소고 채는 오른손으로 쥐고 쳐요.
왼손잡이는 두 손을 바꾸어 쳐요.

걸린 시간　분　초

낱말을 익혀요

본문에 수록된 주요 낱말들의 뜻을 익혀요.

1 전통
- 뜻: 사람들이 오래전부터 지켜오고 있는 특별한 생각이나 습관
- 예문: 김치는 우리나라의 전통 음식이에요.

2 악기
- 뜻: 음악을 연주하는 데 쓰는 기구
- 예문: 기타는 줄을 튕겨서 소리를 내는 악기예요.

3 왼손잡이
- 뜻: 오른손보다 왼손을 더 많이 쓰거나 잘 쓰는 사람
- 예문: 왼손잡이가 쓰기 편한 가위를 샀어요.

단계별로 연습하기

1단계 올바른 발음을 익혀요.

발음이 어렵거나 헷갈리는 낱말들을 정확하게 읽어요.

① 악기 [악끼]　　　　② 손에 [소네]
③ 손잡이 [손자비]　　④ 잡고 [잡꼬]
⑤ 북면 [붕면]　　　　⑥ 왼손잡이 [왼손자비 / 웬손자비]

2단계 듣고 따라 읽어요.

QR코드에서 들려주는 선생님의 음성을 들으며 읽는 연습을 해요.

1. 정확하게 따라 읽어요.
2. 속도에 맞춰 따라 읽어요.
3. 자연스럽게 따라 읽어요.

3단계 다시 읽어봐요.

다시 소리 내어 읽고, 걸린 시간을 아래 빈칸에 써 보세요.

걸린 시간　분　초

정답 ▶ 160쪽

내용을 확인해요

본문에서 읽었던 내용을 떠올리며 아래 문제를 풀어봐요.

1 <보기>에서 알맞은 낱말을 찾아 쓰세요.

보기:　자루　북채　북면　테

32 소고를 연주해요

1주차 3일 33

사람들 1학년 1학기 | • 함께 놀아요

• 총 어절 수 40개
• 권장 읽기 시간 40초

소꿉놀이를 해 봤나요?

아래 글을 소리 내어 읽고, 걸린 시간을 아래 빈칸에 써 보세요.

소꿉놀이는 어른들이 살림하는 모습을 흉내 내는 놀이에요.
주인과 손님 또는 아빠, 엄마, 아기의 역할을 해요.
밥을 짓고, 국을 끓이고, 전을 부치는
흉내를 내기도 하지요.
소꿉놀이를 하며 부르는 '꼬방꼬방'이라는
전래 동요도 있답니다.
'꼬방꼬방'에서 '장꼬방'은 장독대를 말해요.
여러분은 어떤 역할을 하고 싶나요?

걸린 시간 ○ 분 ○ 초

 **낱말을 익혀요**   본문에 수록된 주요 낱말들의 뜻을 익혀요.

1 소꿉놀이
- 뜻: 아이들이 장난감 그릇 등을 가지고 어른들의 가정 생활을 흉내 내는 놀이
- 예문: 우리는 소꿉놀이 장난감으로 작은 냄비와 숟가락을 사용했어요.

2 전래 동요
- 뜻: 옛날부터 아이들이 부르던 쉽고 재미있는 노래
- 예문: 할머니께서 어릴 적 불렀던 전래 동요를 들려주셨어요.

3 장독대
- 뜻: 장독을 놓을 수 있게 바닥보다 좀 높게 만들어 놓은 곳
- 예문: 할머니 댁 장독대에는 커다란 장독이 여러 개 놓여 있어요.

단계별로 연습하기

1단계 — 올바른 발음을 익혀요.

발음이 어렵거나 헷갈리는 낱말들을 정확하게 읽어요.

① 소꿉놀이 [소꿈노리]   ② 역할 [여칼]
③ 짓고 [짇꼬]   ④ 끓이고 [끄리고]
⑤ 전래 [절래]   ⑥ 장독대 [장똑때]

2단계 — 듣고 따라 읽어요.

QR코드에서 들려주는 선생님의 음성을 들으며 읽는 연습을 해요.

1 정확하게 따라 읽어요.
2 속도에 맞춰 따라 읽어요.
3 자연스럽게 따라 읽어요.

3단계 — 다시 읽어봐요.

다시 소리 내어 읽고, 걸린 시간을 아래 빈칸에 써 보세요.

걸린 시간 ◯ 분 ◯ 초

정답 ▶ 160쪽

내용을 확인해요

본문에서 읽었던 내용을 떠올리며 아래 문제를 풀어봐요.

1 ( ) 안에 들어갈 알맞은 낱말을 연결하세요.

① 밥을 (   ) •   • ㉠ 부치다
② 국을 (   ) •   • ㉡ 끓이다
③ 전을 (   ) •   • ㉢ 짓다

2 그림과 같이 장독을 놓는 곳을 무엇이라고 부르는지 빈칸의 초성에 맞춰 쓰세요.

ㅈ	ㄷ	ㄷ

33 소꿉놀이를 해 봤나요?

34 재능 기부 관리자

사람들 1학년 1학기 | • 같이 해 봐요

- 총 어절 수 40개
- 권장 읽기 시간 40초

아래 글을 소리 내어 읽고, 걸린 시간을 아래 빈칸에 써 보세요.

수업 시간에 '재능 기부 관리자'라는
직업을 배웠다.
재능 기부 관리자는
재능을 나누고 싶은 사람과
도움이 필요한 사람을 이어준다.
사람들이 재능을 기부할 방법을 찾고,
더 많은 사람이 알도록 홍보도 한다.
또 다양한 기관과 협력해서 재능 기부가
잘 이루어지게 돕는 역할도 한다.

걸린 시간 분 초

 **낱말을 익혀요** 본문에 수록된 주요 낱말들의 뜻을 익혀요.

1 기부하다
- 뜻: 다른 사람을 도울 목적으로 돈이나 재산을 대가 없이 내놓다
- 예문: 엄마는 안 읽는 책을 마을 도서관에 기부하셨어요.

2 홍보
- 뜻: 널리 알림
- 예문: 친구들이 학예회를 홍보하는 포스터를 만들었어요.

3 협력하다
- 뜻: 힘을 합해 서로 돕다
- 예문: 모둠 친구들과 협력해서 큰 그림을 완성했어요.

단계별로 연습하기

1단계 올바른 발음을 익혀요.

발음이 어렵거나 헷갈리는 낱말들을 정확하게 읽어요.

① 관리자 [괄리자]   ② 직업 [지겁]
③ 싶은 [시픈]   ④ 찾고 [찯꼬]
⑤ 많은 [마는]   ⑥ 협력 [혐녁]

2단계 듣고 따라 읽어요.

QR코드에서 들려주는 선생님의 음성을 들으며 읽는 연습을 해요.

1 정확하게 따라 읽어요.
2 속도에 맞춰 따라 읽어요.
3 자연스럽게 따라 읽어요.

3단계 다시 읽어봐요.

다시 소리 내어 읽고, 걸린 시간을 아래 빈칸에 써 보세요.

걸린 시간   분   초

정답 ▶ 160쪽

내용을 확인해요

본문에서 읽었던 내용을 떠올리며 아래 문제를 풀어봐요.

1 재능 기부 관리자가 하는 일이 아닌 것은 무엇인가요?

① 혼자서 모든 재능 기부 활동을 하기
② 사람들이 재능 기부에 즐겁게 참여할 방법 찾기
③ 재능을 나누고 싶은 사람과 필요한 사람을 이어주기

2 빈칸의 초성에 맞춰 알맞은 낱말을 쓰세요.

① 재능 기부 관리자는 재능 기부 행사를 사람들이 알 수 있도록 | ㅎ | ㅂ | 해요.

② 평생 모은 돈을 대학교에 | ㄱ | ㅂ | 한 사람의 이야기를 신문에서 읽었어요.

1주차 5일 35

감염병을 조심해요

사람들 1학년 1학기 | • 기침을 할 때는

• 총 어절 수 40개
• 권장 읽기 시간 40초

아래 글을 소리 내어 읽고, 걸린 시간을 아래 빈칸에 써 보세요.

감염병은 세균이나 바이러스가 몸에 들어와
아프게 하는 병이에요.
감기, 독감, 코로나19가 모두 감염병이에요.
세균과 바이러스는 눈에 보이지 않을 만큼
아주 작아서 기침이나 재채기, 손을 통해
다른 사람에게 옮길 수 있어요.
그래서 손을 깨끗이 씻고,
기침할 땐 코와 입을 가려야 해요.

걸린 시간 분 초

낱말을 익혀요

본문에 수록된 주요 낱말들의 뜻을 익혀요.

1. 감염
- 뜻: 병균이 식물이나 동물의 몸 안으로 들어가 퍼짐
- 예문: 더러운 손으로 음식을 먹으면 세균에 감염될 수 있어요.

2. 세균
- 뜻: 사람들을 병에 걸리게 하거나 음식을 썩게 하는 아주 작은 생물
- 예문: 병에 걸리게 하는 나쁜 세균도 있지만, 좋은 세균도 있어요.

3. 바이러스
- 뜻: 유행성 감기나 소아마비 같은 병을 일으키는 아주 작은 미생물
- 예문: 독감은 바이러스 때문에 생기는 병이에요.

단계별로 연습하기

1단계 올바른 발음을 익혀요.

발음이 어렵거나 헷갈리는 낱말들을 정확하게 읽어요.

① 감염병 [가염뼝] ② 몸에 [모메]
③ 들어와 [드러와] ④ 독감 [독깜]
⑤ 옮길 [옴길] ⑥ 씻고 [씯꼬]

2단계 듣고 따라 읽어요.

QR코드에서 들려주는 선생님의 음성을 들으며 읽는 연습을 해요.

1 정확하게 따라 읽어요.
2 속도에 맞춰 따라 읽어요.
3 자연스럽게 따라 읽어요.

3단계 다시 읽어봐요.

다시 소리 내어 읽고, 걸린 시간을 아래 빈칸에 써 보세요.

걸린 시간 ☐ 분 ☐ 초

정답 ▶ 160쪽

내용을 확인해요

본문에서 읽었던 내용을 떠올리며 아래 문제를 풀어봐요.

1 다음을 읽고, 맞으면 ○, 틀리면 × 하세요.

① 감기, 독감, 코로나19는 모두 감염병이다. (　)
② 기침으로는 세균이 퍼지지 않는다. (　)
③ 세균과 바이러스는 눈으로 쉽게 볼 수 있다. (　)

2 감염병을 예방하기 위해 해야 하는 것은 무엇인가요?

① 손을 깨끗이 씻어요.
② 더러운 손으로 얼굴을 만져요.
③ 입과 코를 막지 않고 재채기를 해요.

8주차 1일 36

사람들 1학년 1학기 | 이런 사람을 만났다면

• 총 어절 수 40개
• 권장 읽기 시간 40초

유괴를 조심해!

아래 글을 소리 내어 읽고, 걸린 시간을 아래 빈칸에 써 보세요.

유괴란 나쁜 사람이 강제로 다른 사람을 데려가는 것이에요.
유괴하려는 사람이 "나는 부모님 친구야.", "도와줄래?"
하며 다가오기도 해요.
강아지를 보여 주겠다거나
게임을 하자고 해도
절대 따라가면 안 돼요.
낯선 사람뿐만 아니라 익숙한 사람이나
친절해 보이는 사람도 나쁜 의도로 접근할 수 있어요!

걸린 시간 분 초

 **낱말을 익혀요** 본문에 수록된 주요 낱말들의 뜻을 익혀요.

1 낯설다
- 뜻: 전에 보거나 만난 적이 없어 모르는 사이이다
- 예문: 새로운 친구가 처음엔 낯설었지만 곧 친해졌어요.

2 의도
- 뜻: 무엇을 하고자 하는 생각이나 계획
- 예문: 나는 친구를 도우려는 의도로 한 말인데, 친구가 화를 냈어요.

3 접근하다
- 뜻: 가까이 다가가다
- 예문: 태풍이 우리나라로 접근하고 있다는 뉴스를 봤다.

단계별로 연습하기

1단계 - 올바른 발음을 익혀요.

발음이 어렵거나 헷갈리는 낱말들을 정확하게 읽어요.

① 것이에요 [거시에요]　　② 주겠다거나 [주겓따거나]
③ 절대 [절때]　　　　　　④ 낯선 [낟썬]
⑤ 익숙한 [익쑤칸]　　　　⑥ 접근할 [접끈할]

2단계 - 듣고 따라 읽어요.

QR코드에서 들려주는 선생님의 음성을 들으며 읽는 연습을 해요.

1. 정확하게 따라 읽어요.
2. 속도에 맞춰 따라 읽어요.
3. 자연스럽게 따라 읽어요.

3단계 - 다시 읽어봐요.

다시 소리 내어 읽고, 걸린 시간을 아래 빈칸에 써 보세요.

걸린 시간 ◯ 분 ◯ 초

정답 ▶ 160쪽

내용을 확인해요

본문에서 읽었던 내용을 떠올리며 아래 문제를 풀어봐요.

1 다음 중 안전한 행동은 무엇인가요?

① 혼자 조용한 곳 가기
② 도와달라는 사람을 따라가기
③ "다른 어른께 부탁해 보세요." 하고 거절하기

2 빈칸의 초성에 맞춰 알맞은 낱말을 쓰세요.

① ㅇㄱ 은/는 나쁜 사람이 강제로 다른 사람을 데려가는 것을 말해요.

② 친절해 보이는 사람도 나쁜 ㅇㄷ (으)로 다가올 수 있으니, 조심해야 해요!

8주차 2일
37

불이 났다면?

사람들 1학년 1학기 | • 불이 났을 때는

- 총 어절 수 40개
- 권장 읽기 시간 40초

아래 글을 소리 내어 읽고, 걸린 시간을 아래 빈칸에 써 보세요.

불이 나면 "불이야!"라고 크게 외쳐 사람들에게 알려요.
소화전이 보이면 비상벨을 누르세요.
숨 수건으로 코와 입을 가리고,
자세를 낮춰서 연기를 피해 이동해요.
안전한 곳으로 대피한 후에
119에 신고해요.
무엇보다 안전한 곳으로
빨리 대피하는 것이 가장 중요해요.
평소에 비상구의 위치를 알아두면 좋겠지요?

걸린 시간   분   초

낱말을 익혀요

본문에 수록된 주요 낱말들의 뜻을 익혀요.

1 소화전
- 뜻: 불이 났을 때 불을 끄기 위하여 수도에 연결되어 물이 나오는 시설
- 예문: 학교 복도 끝에 소화전이 있어요.

2 대피하다
- 뜻: 위험을 피해 잠깐 안전한 곳으로 가다
- 예문: 비상벨이 울려서 운동장으로 대피했어요.

3 비상구
- 뜻: 위험할 때 빨리 밖으로 나갈 수 있게 만들어 놓은 문
- 예문: 오늘 학교에서 비상구 표시를 배우고, 위치를 찾아봤어요.

단계별로 연습하기

1단계 — 올바른 발음을 익혀요.

발음이 어렵거나 헷갈리는 낱말들을 정확하게 읽어요.

① 불이 [부리] ② 외쳐 [외처/웨처]
③ 소화전이 [소화저니] ④ 입을 [이블]
⑤ 낮춰서 [낟춰서] ⑥ 알아두면 [아라두면]

2단계 — 듣고 따라 읽어요.

QR코드에서 들려주는 선생님의 음성을 들으며 읽는 연습을 해요.

1 정확하게 따라 읽어요.
2 속도에 맞춰 따라 읽어요.
3 자연스럽게 따라 읽어요.

3단계 — 다시 읽어봐요.

다시 소리 내어 읽고, 걸린 시간을 아래 빈칸에 써 보세요.

걸린 시간 ◯ 분 ◯ 초

정답 ▶ 161쪽

 **내용을 확인해요**   본문에서 읽었던 내용을 떠올리며 아래 문제를 풀어봐요.

1 불이 났을 때 가장 중요한 것은 무엇인가요?

① 안전한 곳으로 빨리 대피하는 것
② 용감하게 친구들과 직접 불을 끄는 것
③ 불이 난 장소에서 소방관을 기다리는 것

2 빈칸의 초성에 맞춰 알맞은 낱말을 쓰세요.

① 불이 났을 때 자세를 낮춰 | ㅇ | ㄱ | 을/를 피해 대피해요.

② 평소에 | ㅂ | ㅅ | ㄱ | 의 위치를 알아두는 것이 좋아요.

사람들 1학년 1학기 | • 이런 모습 저런 모습

• 총 어절 수 40개
• 권장 읽기 시간 40초

탈춤 속 사람들 이야기

아래 글을 소리 내어 읽고, 걸린 시간을 아래 빈칸에 써 보세요.

탈춤은 탈을 쓰고, 춤을 추며,
이야기를 들려주는 전통 놀이에요.
탈은 사람뿐 아니라 사자탈처럼
동물을 나타내기도 해요.
하회탈은 우리나라를 대표하는 유명한 탈로,
양반, 선비, 각시 같은 다양한 사람들을 표현해요.
탈이 나타내는 인물의 이야기와 성격을 알아보고,
한삼을 휘날리는 멋진 탈춤도 감상해 보세요!

걸린 시간   분   초

 **낱말을 익혀요**   본문에 수록된 주요 낱말들의 뜻을 익혀요.

1 하회탈
- 뜻: 예로부터 내려오는 경상북도 안동 하회 마을의 탈놀이에 쓰이는 탈
- 예문: 하회탈은 전통 문화재로 지정된 소중한 우리나라 유산이에요.

2 선비
- 뜻: 학문을 닦는 사람을 예스럽게 이르는 말
- 예문: 그 선비는 훌륭한 인품으로 마을 사람들의 존경을 받았어요.

3 한삼
- 뜻: 윗옷 소매 끝에 흰 헝겊으로 길게 덧대는 소매
- 예문: 한삼을 휘날리면 춤의 동작이 훨씬 부드러워 보여요.

단계별로 연습하기

1단계 올바른 발음을 익혀요.

발음이 어렵거나 헷갈리는 낱말들을 정확하게 읽어요.

① 탈을 [타를] ② 춤을 [추믈]
③ 놀이에요 [노리에요] ④ 각시 [각씨]
⑤ 성격을 [성껴글] ⑥ 멋진 [먿찐]

2단계 듣고 따라 읽어요.

QR코드에서 들려주는 선생님의 음성을 들으며 읽는 연습을 해요.

1 정확하게 따라 읽어요.
2 속도에 맞춰 따라 읽어요.
3 자연스럽게 따라 읽어요.

3단계 다시 읽어봐요.

다시 소리 내어 읽고, 걸린 시간을 아래 빈칸에 써 보세요.

걸린 시간 ◯ 분 ◯ 초

정답 ▶ 161쪽

내용을 확인해요

본문에서 읽었던 내용을 떠올리며 아래 문제를 풀어봐요.

1 다음을 읽고, 맞으면 ◯, 틀리면 ✕ 하세요.

① 탈춤은 요즘에 만들어진 놀이이다. ( )
② 동물을 나타내는 탈도 있다. ( )
③ 하회탈은 양반, 선비, 각시처럼 다양한 인물을 표현한다. ( )

2 빈칸의 초성에 맞춰 알맞은 낱말을 쓰세요.

① ㅎ ㅎ ㅌ 은/는 안동 하회 마을에 예로부터 내려오는 유명한 탈이에요.

② 소매 끝에 달린 ㅎ ㅅ 을/를 휘날리니 손동작이 더 강조되어 보여요.

함께하는 명절

사람들 1학년 1학기 | • 함께하는 일

- 총 어절 수 40개
- 권장 읽기 시간 40초

아래 글을 소리 내어 읽고, 걸린 시간을 아래 빈칸에 써 보세요.

명절은 우리 전통문화를 경험할 수 있는 세시 풍속이에요.
설날에는 떡국을 먹고 세배를 하고,
추석에는 송편을 만들며 보름달을 봐요.
이 밖에도 정월 대보름, 동지 같은
명절이 있어요.
명절을 지내는 모습은
예전과 많이 달라졌지만,
여전히 명절은 가족의 사랑을
느끼고 배우는 소중한 날이에요.

걸린 시간 분 초

 **낱말을 익혀요**   본문에 수록된 주요 낱말들의 뜻을 익혀요.

1. 세시 풍속
- 뜻: 때에 맞추어 하는 여러 가지 놀이나 일
- 예문: 세시 풍속에는 설날의 떡국 먹기와 추석의 송편 만들기가 있어요.

2. 정월 대보름
- 뜻: 음력 정월 보름날(1월 15일)을 명절로 이르는 말
- 예문: 정월 대보름에는 땅콩, 호두 같은 부럼을 깨물어 먹는 풍습이 있어요.

3. 동지
- 뜻: 일 년 중 밤이 가장 긴 날로 이십사절기의 하나
- 예문: 동지에 팥죽을 먹는 세시 풍속이 있어요.

단계별로 연습하기

1단계 — 올바른 발음을 익혀요.

발음이 어렵거나 헷갈리는 낱말들을 정확하게 읽어요.

① 명절은 [명저른] ② 설날 [설랄]
③ 떡국 [떡꾹] ④ 보름달 [보름딸]
⑤ 밖에도 [바께도] ⑥ 달라졌지만 [달라젇찌만]

2단계 — 듣고 따라 읽어요.

QR코드에서 들려주는 선생님의 음성을 들으며 읽는 연습을 해요.

1 정확하게 따라 읽어요.
2 속도에 맞춰 따라 읽어요.
3 자연스럽게 따라 읽어요.

3단계 — 다시 읽어봐요.

다시 소리 내어 읽고, 걸린 시간을 아래 빈칸에 써 보세요.

걸린 시간 ◯ 분 ◯ 초

정답 ▶ 161쪽

내용을 확인해요

본문에서 읽었던 내용을 떠올리며 아래 문제를 풀어봐요.

1 우리나라 명절이 아닌 것은 무엇인가요?

① 설 ② 추석 ③ 크리스마스

2 빈칸의 초성에 맞춰 알맞은 낱말을 쓰세요.

① 정월 대보름에는 부럼을 깨물어 먹는 [ㅅ][ㅅ] [ㅍ][ㅅ]이/가 있어요.

② 일 년 중 밤이 가장 긴 날은 [ㄷ][ㅈ]예요.

③ 설날과 추석은 우리나라의 대표 [ㅁ][ㅈ]이에요.

40. 누구를 초대할까요?

사람들 1학년 1학기 | 만나고 싶은 사람을 초대해요

- 총 어절 수 40개
- 권장 읽기 시간 40초

아래 글을 소리 내어 읽고, 걸린 시간을 아래 빈칸에 써 보세요.

초대장은 생일이나 학예회 같은 행사에
사람들을 부르고 싶을 때 쓰는 편지예요.
제목을 적고, 누구를 초대하는지,
언제, 어디서 만나는지 써요.
받는 사람이 초대한 곳으로 찾아올 때
필요한 내용을 빠짐없이 적어야 해요.
보낸 사람을 적고, 인사말도 남겨요.
마지막으로 예쁘게 꾸미면 초대장 완성!

걸린 시간 분 초

본문에 수록된 주요 낱말들의 뜻을 익혀요.

1. 학예회
- 뜻: 학생들이 만든 작품을 전시하거나 공연을 보여 주는 특별한 행사
- 예문: 우리는 학예회를 위해 그림도 그리고 노래도 연습했어요.

2. 초대
- 뜻: 다른 사람에게 어떤 자리, 모임, 행사 등에 와 달라고 요청함
- 예문: 우리 집에 할머니를 초대해서 함께 저녁을 먹었어요.

3. 완성
- 뜻: 완전하게 다 이룸
- 예문: 지수는 퍼즐 조각을 모두 맞춰서 완성했어요.

단계별로 연습하기

1단계 올바른 발음을 익혀요.

발음이 어렵거나 헷갈리는 낱말들을 정확하게 읽어요.

① 초대장 [초대짱] ② 학예회 [하계회/하계훼]
③ 싶을 [시플]   ④ 적고 [적꼬]
⑤ 받는 [반는]   ⑥ 빠짐없이 [빠지멉씨]

2단계 듣고 따라 읽어요.

QR코드에서 들려주는 선생님의 음성을 들으며 읽는 연습을 해요.

1. 정확하게 따라 읽어요.
2. 속도에 맞춰 따라 읽어요.
3. 자연스럽게 따라 읽어요.

3단계 다시 읽어봐요.

다시 소리 내어 읽고, 걸린 시간을 아래 빈칸에 써 보세요.

걸린 시간 ○ 분 ○ 초

정답 ▶ 161쪽

내용을 확인해요

본문에서 읽었던 내용을 떠올리며 아래 문제를 풀어봐요.

1 행사를 정하고 그에 맞는 초대장을 쓰세요.

_____
초대장 제목

_____
받는 사람

1. 날짜와 시간(언제):
2. 장소(어디에서):
3. 찾아오는 방법(어떻게):
4. 하고 싶은 말(인사말):

_____
보낸 사람

4장 〈통합-사람들〉 마무리 활동

정답 ▶ 161쪽

1 4장에서 배운 내용을 생각하며, 아래의 낱말을 정확하게 읽어봐요.

1	걱정	2	고민
3	사라지다	4	전통
5	악기	6	왼손잡이
7	소꿉놀이	8	전래 동요
9	장독대	10	기부
11	홍보	12	협력
13	감염	14	세균
15	옮기다	16	유괴
17	낯설다	18	접근하다
19	소화전	20	대피
21	비상구	22	탈춤
23	하회탈	24	한삼
25	세시 풍속	26	정월 대보름
27	동지	28	초대장
29	학예회	30	완성

2. 다음을 읽고, 맞으면 O, 틀리면 ✕ 하세요.

32과 ① 소고에서 테는 가운데를 말한다. （   ）

34과 ② 재능 기부 관리자는 재능 기부가 잘 이루어지게 돕는다. （   ）

35과 ③ 감염병은 세균이나 바이러스 때문에 생기는 병이다. （   ）

36과 ④ 유괴는 낯선 사람한테만 당한다. （   ）

37과 ⑤ 평소에 비상구의 위치를 알아두면 빨리 대피할 수 있다. （   ）

3. <보기>에서 알맞은 낱말을 골라 빈칸에 쓰세요.

보기

고민   악기   탈춤   초대장   소꿉놀이   세시 풍속

31과 ① 엄마께 [   ]을/를 말씀드렸더니 마음이 가벼워졌다.

33과 ② 살림하는 모습을 흉내 내는 놀이를 [   ](이)라고 한다.

38과 ③ [   ]은/는 탈을 쓰고 춤을 추며 이야기를 들려주는 전통 놀이다.

39과 ④ 설날에는 떡국을 먹고 세배를 하는 [   ]이/가 있다.

40과 ⑤ 민경이가 피아노 발표회 [   ]을/를 주었다.

5장
통합 | 우리나라

41	우리나라 꽃, 무궁화
42	국새는 무엇일까요?
43	나라문장이란?
44	맛있는 전통 음식
45	아름다운 우리 한복
46	재미있는 전통 놀이
47	시원한 바람이 솔솔, 부채
48	아리랑
49	우리는 하나
50	씨름을 해 봤나요?

41. 우리나라 꽃, 무궁화

9주차 1일

우리나라 1학년 1학기 | 무궁화가 활짝

- 총 어절 수 40개
- 권장 읽기 시간 40초

아래 글을 소리 내어 읽고, 걸린 시간을 아래 빈칸에 써 보세요.

무궁화는 우리나라 꽃이에요.
무궁화는 매일 아침 새로운 꽃이 피고 져요.
100일 동안 계속 피어나니
무궁하다 해서 무궁화라고 불러요.
옛날부터 우리 민족은 무궁화를 귀하게 여겼고,
중국에서도 우리나라를 '무궁화가 피고 지는
군자의 나라'라고 칭찬했어요.
지금도 무궁화는 우리나라 배지, 마크 등에
활용되고 있어요.

걸린 시간   분   초

낱말을 익혀요

본문에 수록된 주요 낱말들의 뜻을 익혀요.

1 무궁하다
- 뜻: 공간이나 시간 등이 끝이 없다
- 예문: 우주의 신비는 정말 무궁해요.

2 귀하다
- 뜻: 아주 가치가 있고 소중하다
- 예문: 풀 한 포기도 귀한 생명이에요.

3 군자
- 뜻: 유교에서 마음씨가 착하고 똑똑하며, 바르고 훌륭한 사람
- 예문: 옛 선비들은 군자가 되기 위해 열심히 공부하고 바르게 행동했어요.

단계별로 연습하기

1단계 — 올바른 발음을 익혀요.

발음이 어렵거나 헷갈리는 낱말들을 정확하게 읽어요.

① 꽃이 [꼬치] ② 계속 [계속/게속]
③ 옛날부터 [옌날부터] ④ 민족은 [민조근]
⑤ 여겼고 [여겯꼬] ⑥ 활용되고 [화룡되고/화룡뒈고]

2단계 — 듣고 따라 읽어요.

QR코드에서 들려주는 선생님의 음성을 들으며 읽는 연습을 해요.

1. 정확하게 따라 읽어요.
2. 속도에 맞춰 따라 읽어요.
3. 자연스럽게 따라 읽어요.

3단계 — 다시 읽어봐요.

다시 소리 내어 읽고, 걸린 시간을 아래 빈칸에 써 보세요.

걸린 시간 ◯ 분 ◯ 초

정답 ▶ 162쪽

내용을 확인해요

본문에서 읽었던 내용을 떠올리며 아래 문제를 풀어봐요.

1 다음을 읽고, 맞으면 ◯, 틀리면 ✕ 하세요.

① 무궁화는 우리나라를 상징하는 꽃이다. ( )
② 무궁화는 하루 동안만 꽃이 피고 진다. ( )
③ 우리나라 배지, 마크 등에 무궁화가 활용되고 있다. ( )

2 '무궁화'에서 '무궁하다'의 뜻은 무엇인가요?

① 끝이 없다
② 예쁘고 귀하다
③ 향기가 진하다

42. 국새는 무엇일까요?

우리나라 1학년 1학기 | 태극기와 무궁화

- 총 어절 수 39개
- 권장 읽기 시간 40초

아래 글을 소리 내어 읽고, 걸린 시간을 아래 빈칸에 써 보세요.

국새는 나라를 대표하는 도장이에요.
옛날에는 왕만 가지고 있던 도장이었고,
새 왕에게 전달하는 의식이 있을 정도로
국새는 나라의 힘을 상징했어요.
지금 사용하는 국새에는 '대한민국' 글자가
한글로 새겨져 있고,
손잡이에는 봉황과 무궁화가 있어요.
국새를 찍으면 그 문서가 나라에서
인정한 것임을 뜻한답니다.

걸린 시간   분   초

낱말을 익혀요

본문에 수록된 주요 낱말들의 뜻을 익혀요.

1. 전달하다
- 뜻: 사물을 어떤 대상에게 전하여 받게 하다
- 예문: 선생님께서 상장을 학생에게 전달하셨어요.

2. 의식
- 뜻: 특별한 일을 정해진 순서대로 하는 행사
- 예문: 결혼식은 신랑과 신부가 결혼을 약속하는 의식이에요.

3. 인정하다
- 뜻: 어떤 것이 확실하다고 여기거나 받아들이다
- 예문: 내 친구는 자신의 잘못을 인정하고 나에게 사과했다.

단계별로 연습하기

1단계 — 올바른 발음을 익혀요.

발음이 어렵거나 헷갈리는 낱말들을 정확하게 읽어요.

① 국새 [국쌔] ② 의식이 [의시기]
③ 있을 [이쓸] ④ 힘을 [히믈]
⑤ 찍으면 [찌그면] ⑥ 뜻한답니다 [뜨탄담니다]

2단계 — 듣고 따라 읽어요.

QR코드에서 들려주는 선생님의 음성을 들으며 읽는 연습을 해요.

1. 정확하게 따라 읽어요.
2. 속도에 맞춰 따라 읽어요.
3. 자연스럽게 따라 읽어요.

3단계 — 다시 읽어봐요.

다시 소리 내어 읽고, 걸린 시간을 아래 빈칸에 써 보세요.

걸린 시간 분 초

정답 ▶ 162쪽

내용을 확인해요

본문에서 읽었던 내용을 떠올리며 아래 문제를 풀어봐요.

1 다음을 읽고, 맞으면 O, 틀리면 × 하세요.

① 국새는 나라를 대표하는 도장이다. ( )
② 국새의 손잡이에는 두루미와 장미가 있다. ( )
③ 국새를 찍는 것은 나라에서 인정한다는 뜻이다. ( )

2 빈칸의 초성에 맞춰 알맞은 낱말을 쓰세요.

① 국새의 손잡이에는 상상 속의 새인 ㅂ ㅎ 와/과 무궁화가 있다.
② 국새에는 한글로 ㄷ ㅎ ㅁ ㄱ (이)라고 새겨져 있다.

43. 나라문장이란?

9주차 3일

우리나라 1학년 1학기 | 태극기와 무궁화

- 총 어절 수 40개
- 권장 읽기 시간 40초

아래 글을 소리 내어 읽고, 걸린 시간을 아래 빈칸에 써 보세요.

- 이게 대한민국의 나라문장이야.
- 나라문장이 뭔데?
- 나라문장은 나라를 대표하는 그림이야. 그 나라의 역사나 문화를 엿볼 수 있어.
- 우리나라의 문장은 태극문양을 무궁화 꽃잎 5장이 감싸고 '대한민국' 글자가 새겨진 리본으로 그 테두리를 둘러싸고 있네! 여권에서 본 적 있어.
- 맞아. 또 훈장이나 표창장에도 있지.

걸린 시간   분   초

낱말을 익혀요

본문에 수록된 주요 낱말들의 뜻을 익혀요.

1. 대표하다
- 뜻: 전체의 상태나 특징을 어느 하나가 잘 나타내다
- 예문: 벚꽃은 봄을 대표하는 꽃 중의 하나예요.

2. 엿보다
- 뜻: 보거나 느끼면서 짐작하다
- 예문: 친구의 얼굴을 보고 기분을 엿볼 수 있었어요.

3. 훈장
- 뜻: 나라를 위해 큰 일을 한 사람에게 주는 배지
- 예문: 할아버지 가슴에는 오래된 훈장이 반짝이고 있었어요.

단계별로 연습하기

1단계 올바른 발음을 익혀요.

발음이 어렵거나 헷갈리는 낱말들을 정확하게 읽어요.

① 역사 [역싸]　　　② 엿볼 [엳뽈]
③ 태극문양 [태극무냥]　④ 꽃잎 [꼰닙]
⑤ 여권 [여꿘]　　　⑥ 표창장 [표창짱]

2단계 듣고 따라 읽어요.

QR코드에서 들려주는 선생님의 음성을 들으며 읽는 연습을 해요.

1 정확하게 따라 읽어요.
2 속도에 맞춰 따라 읽어요.
3 자연스럽게 따라 읽어요.

3단계 다시 읽어봐요.

다시 소리 내어 읽고, 걸린 시간을 아래 빈칸에 써 보세요.

걸린 시간　분　초

정답 ▶ 162쪽

내용을 확인해요

본문에서 읽었던 내용을 떠올리며 아래 문제를 풀어봐요.

1 <보기>에서 우리나라 문장에 있는 것을 모두 골라 ○ 하세요.

| 보기 | 까치　　태극문양　　소나무　　무궁화 |

2 나라문장을 바르게 설명한 것은 무엇인가요?

① 나라의 역사나 문화를 알 수 있다.
② 하나의 도시를 대표하는 그림이다.
③ 나라문장은 여권에서만 찾아볼 수 있다.

43 나라문장이란?

맛있는 전통 음식

9주차 4일 44

우리나라 1학년 1학기 · 우리나라 음식
- 총 어절 수 40개
- 권장 읽기 시간 40초

아래 글을 소리 내어 읽고, 걸린 시간을 아래 빈칸에 써 보세요.

안녕, 친구야!
우리나라 전통 음식을 소개할게.
주요리로는 비빔밥, 된장찌개, 불고기,
삼계탕, 잡채 등이 있어.
후식으로 식혜, 수정과, 화채 같은 음료나
약과, 한과, 화전 같은 간식거리를 먹기도 해.
또 설에 먹는 떡국이나 추석에 빚는 송편처럼 특별한 날에 먹는
전통 음식도 있어.

걸린 시간   분   초

낱말을 익혀요

본문에 수록된 주요 낱말들의 뜻을 익혀요.

1 주요리
- 뜻: 식사 때 나오는 여러 가지 요리 중에서 가장 중심이 되는 요리
- 예문: 불고기는 달콤한 양념이 맛있는 한국의 주요리예요.

2 후식
- 뜻: 식사 후에 먹는 간단한 음식
- 예문: 후식으로 먹은 약과가 부드럽고 달콤했어요.

3 간식거리
- 뜻: 식사와 식사 사이에 요기가 되도록 간단히 먹는 음식물
- 예문: 명절에는 간식거리가 많아서 신나요.

단계별로 연습하기

1단계 — 올바른 발음을 익혀요.

발음이 어렵거나 헷갈리는 낱말들을 정확하게 읽어요.

① 소개할게 [소개할께]   ② 비빔밥 [비빔빱]
③ 식혜 [시켸/시케]   ④ 약과 [약꽈]
⑤ 간식거리 [간식꺼리]   ⑥ 빚는 [빈는]

2단계 — 듣고 따라 읽어요.

QR코드에서 들려주는 선생님의 음성을 들으며 읽는 연습을 해요.

1. 정확하게 따라 읽어요.
2. 속도에 맞춰 따라 읽어요.
3. 자연스럽게 따라 읽어요.

3단계 — 다시 읽어봐요.

다시 소리 내어 읽고, 걸린 시간을 아래 빈칸에 써 보세요.

걸린 시간 　분　 초

정답 ▶ 162쪽

내용을 확인해요

본문에서 읽었던 내용을 떠올리며 아래 문제를 풀어봐요.

1 주요리란 무엇인가요?

① 특별한 날에만 먹는 음식
② 식사를 마친 후에 먹는 음식
③ 여러 가지 요리 중에서 중심이 되는 음식

2 자신이 좋아하는 전통 음식의 이름을 네 개 이상 써 보세요.

아름다운 우리 한복

우리나라 1학년 1학기 | • 우리나라 한복

- 총 어절 수 40개
- 권장 읽기 시간 40초

아래 글을 소리 내어 읽고, 걸린 시간을 아래 빈칸에 써 보세요.

한복은 우리나라 전통 옷이에요.
여자 한복은 저고리와 치마로,
남자 한복은 저고리와 바지로 이루어져 있어요.
요즘에는 평소에 한복을 잘 입지 않지만,
명절이나 특별한 날에 입기도 해요.
궁궐이나 한옥 마을 같은 관광지에서
한복을 빌려 입는 사람도 많답니다.
우리의 멋이 담긴 한복을 입어볼까요?

걸린 시간   분   초

낱말을 익혀요

본문에 수록된 주요 낱말들의 뜻을 익혀요.

1 전통
- 뜻: 사람들이 지켜온 특별한 생각이나 생활 모습
- 예문: 설날에는 전통 음식인 떡국을 먹어요.

2 평소
- 뜻: 특별한 일이 없는 보통 때
- 예문: 평소보다 오늘은 날씨가 더 추워요.

3 관광지
- 뜻: 경치가 뛰어나거나 유적지 등이 있어 구경할 만한 곳
- 예문: 제주도는 유명한 관광지 중 하나예요.

 **단계별로 연습하기**

1단계 올바른 발음을 익혀요.

발음이 어렵거나 헷갈리는 낱말들을 정확하게 읽어요.

① 옷이에요 [오시에요]　　② 입지 [입찌]
③ 않지만 [안치만]　　　　④ 입기도 [입끼도]
⑤ 입는 [임는]　　　　　　⑥ 멋이 [머시]

2단계 듣고 따라 읽어요.

QR코드에서 들려주는 선생님의 음성을 들으며 읽는 연습을 해요.

1 정확하게 따라 읽어요.　2 속도에 맞춰 따라 읽어요.　3 자연스럽게 따라 읽어요.

3단계 다시 읽어봐요.

다시 소리 내어 읽고, 걸린 시간을 아래 빈칸에 써 보세요.

걸린 시간　　분　　초

정답 ▶ 162쪽

내용을 확인해요　　본문에서 읽었던 내용을 떠올리며 아래 문제를 풀어봐요.

1. 한복을 가장 잘 설명한 문장은 무엇인가요?

　① 우리나라 전통 옷이에요.
　② 외국 사람들이 자주 입어요.
　③ 운동할 때 주로 입는 옷이에요.

2. 빈칸에 공통으로 들어갈 낱말을 쓰세요.

　여자 한복은 _____ 와/과 치마로,
　남자 한복은 _____ 와/과 바지로 이루어져 있어요.

45 아름다운 우리 한복

재미있는 전통 놀이

10주차 1일 46

우리나라 1학년 1학기 · 우리나라 놀이

- 총 어절 수 40개
- 권장 읽기 시간 40초

아래 글을 소리 내어 읽고, 걸린 시간을 아래 빈칸에 써 보세요.

대문놀이는 강강술래에서 나온 우리나라 전통 놀이에요.
친구들이 손을 잡고 대문 모양을 만들면,
다른 친구들이 노래를 부르며 그 아래를 지나가요.
노래가 끝날 때 대문에 잡힌 친구는 술래가 돼요.
이 외에도 윷놀이, 사방치기, 제기차기,
팽이치기처럼 함께 즐길 수 있는
전통 놀이가 많답니다.

걸린 시간 ○ 분 ○ 초

낱말을 익혀요

본문에 수록된 주요 낱말들의 뜻을 익혀요.

1 대문
- 뜻: 주로 집의 앞쪽에 있어 사람들이 드나드는 큰 문
- 예문: 대문을 열고 들어가니 잔디가 깔린 마당이 보였어요.

2 강강술래
- 뜻: 정월 대보름이나 한가위에 여러 사람이 함께 손을 잡고 원을 그리며 빙빙 돌면서 춤을 추고 노래를 부르는 민속놀이
- 예문: 우리반은 어제 체육 시간에 강강술래 놀이를 했다.

3 사방치기
- 뜻: 땅바닥에 여러 칸을 구분해 그려 놓고, 그 안에서 돌을 한 발로 차서 차례로 다음 칸으로 옮겨 가는 어린이 놀이
- 예문: 친구들과 점심시간에 사방치기를 했어요.

 **단계별로 연습하기**

1단계 올바른 발음을 익혀요.

발음이 어렵거나 헷갈리는 낱말들을 정확하게 읽어요.

① 대문놀이 [대문노리]   ② 손을 [소늘]
③ 끝날 [끈날]   ④ 잡힌 [자핀]
⑤ 윷놀이 [윤노리]   ⑥ 많답니다 [만탐니다]

2단계 듣고 따라 읽어요.

QR코드에서 들려주는 선생님의 음성을 들으며 읽는 연습을 해요.

1 정확하게 따라 읽어요.
2 속도에 맞춰 따라 읽어요.
3 자연스럽게 따라 읽어요.

3단계 다시 읽어봐요.

다시 소리 내어 읽고, 걸린 시간을 아래 빈칸에 써 보세요.

걸린 시간 분 초

정답 ▶ 162쪽

 **내용을 확인해요**   본문에서 읽었던 내용을 떠올리며 아래 문제를 풀어봐요.

1 대문놀이에서는 어떤 상황에서 술래가 되나요?

① 노래를 부르지 않을 경우
② 가장 먼저 노래를 부를 경우
③ 노래가 끝날 때 대문 아래를 지나가다 잡힐 경우

2 전통 놀이와 설명을 바르게 연결하세요.

① 강강술래 •   • ㉠ 손을 잡고 동그랗게 서서 노래하며 도는 놀이

② 사방치기 •   • ㉡ 대문 모양 아래로 지나가며 하는 놀이

③ 대문놀이 •   • ㉢ 땅에 그림을 그리고 돌을 던지는 놀이

시원한 바람이 솔솔, 부채

우리나라 1학년 1학기 | 우리나라 부채
- 총 어절 수 40개
- 권장 읽기 시간 40초

아래 글을 소리 내어 읽고, 걸린 시간을 아래 빈칸에 써 보세요.

우리나라는 오래전부터 부채를 중요한 물건으로 사용했어요.
부채는 더위를 식힐 때뿐만 아니라 장신구 등
다양한 용도로 쓰였어요.
그중에서 태극선은 태극 문양이 그려진 부채예요.
태극선에는 다섯 가지 색깔인 오방색이 사용돼요.
오방색에서
파란색은 동쪽, 흰색은 서쪽,
빨간색은 남쪽, 검은색은 북쪽,
노란색은 가운데를 의미한대요.

걸린 시간 　분　초

낱말을 익혀요

본문에 수록된 주요 낱말들의 뜻을 익혀요.

1 부채
- 뜻: 손에 쥐고 흔들어서 바람을 일으키는 물건
- 예문: 우리 할머니는 부채를 부치며 더위를 식히셨다.

2 장신구
- 뜻: 몸을 보기 좋게 꾸미는 데 쓰는 물건
- 예문: 장신구에는 목걸이, 팔찌, 반지 같은 물건이 있어요.

3 태극선
- 뜻: 태극 모양을 그린 둥근 부채
- 예문: 저는 한국에 여행 온 외국 친구에게 태극선을 선물했어요.

단계별로 연습하기

1단계 — 올바른 발음을 익혀요.

발음이 어렵거나 헷갈리는 낱말들을 정확하게 읽어요.

① 식힐 [시킬]   ② 태극선 [태극썬]
③ 문양이 [무냥이]   ④ 다섯 가지 [다섣 까지]
⑤ 흰색 [힌색]   ⑥ 검은색 [거믄색]

2단계 — 듣고 따라 읽어요.

QR코드에서 들려주는 선생님의 음성을 들으며 읽는 연습을 해요.

1 정확하게 따라 읽어요.
2 속도에 맞춰 따라 읽어요.
3 자연스럽게 따라 읽어요.

3단계 — 다시 읽어봐요.

다시 소리 내어 읽고, 걸린 시간을 아래 빈칸에 써 보세요.

걸린 시간　 분　 초

정답 ▶ 162쪽

내용을 확인해요

본문에서 읽었던 내용을 떠올리며 아래 문제를 풀어봐요.

1 부채에 관한 설명으로 옳은 것은 무엇인가요?

① 요즘에 만들어진 물건이다.
② 더울 때 바람을 일으키는 용도로만 사용했다.
③ 더위를 식힐 때뿐만 아니라 장신구로도 사용했다.

2 오방색이 나타내는 방위에 맞게 색칠된 것은 무엇인가요?

① 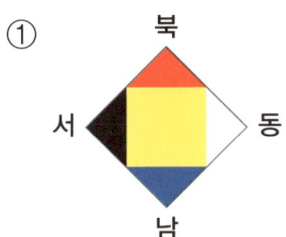　② 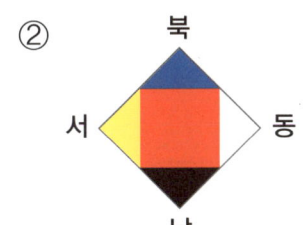　③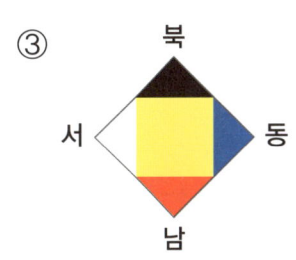

47 시원한 바람이 솔솔, 부채

48 아리랑

10주차 3일

우리나라 1학년 1학기 • 우리나라 민요
- 총 어절 수 42개
- 권장 읽기 시간 40초

아래 글을 소리 내어 읽고, 걸린 시간을 아래 빈칸에 써 보세요.

아리랑 아리랑 아라리오
아리랑 고개로 넘어간다.

아리아리랑 쓰리쓰리랑
아라리가 났네.

〈경기도 아리랑〉

아리랑 아리랑 아라리요
아리랑 고개로 넘어간다.
나를 버리고 가시는 님은
십 리도 못 가서 발병 난다.

〈밀양 아리랑〉

날 좀 보소. 날 좀 보소. 날 좀 보소.
동지 섣달 꽃 본 듯이 날 좀 보소.
아리아리랑 쓰리쓰리랑 아라리가 났네.
아리랑 어절시구 날 넘겨 주소.

걸린 시간   분   초

낱말을 익혀요

본문에 수록된 주요 낱말들의 뜻을 익혀요.

1 리
- 뜻: 거리의 단위로서, 1리는 약 400미터
- 예문: '천 리 길도 한 걸음부터'라는 속담이 있다.

2 발병
- 뜻: 길을 많이 걷거나 해서 발에 생기는 병
- 예문: 친구는 등산을 하다가 발병이 나서 더 이상 걸을 수 없었어요.

3 동지 섣달
- 뜻: 동지(일 년 중 밤이 가장 긴 날)와 섣달(음력 12월)
- 예문: 동지 섣달에는 날씨가 매우 추워서 따뜻한 옷을 입어야 해요.

단계별로 연습하기

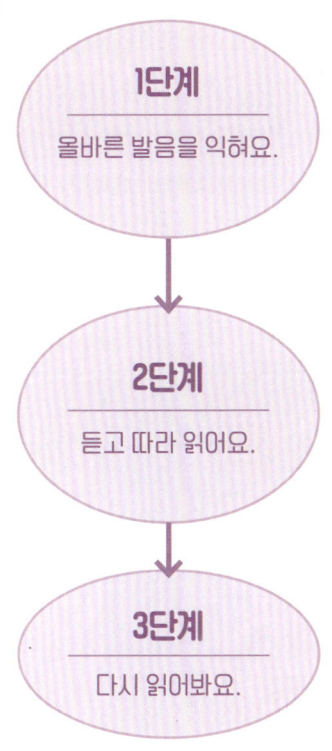

발음이 어렵거나 헷갈리는 낱말들을 정확하게 읽어요.

① 넘어간다 [너머간다]   ② 발병 [발뼝]
③ 섣달 [섣딸]   ④ 꽃 [꼳]
⑤ 듯이 [드시]   ⑥ 났네 [난네]

QR코드에서 들려주는 선생님의 음성을 들으며 읽는 연습을 해요.

1 정확하게 따라 읽어요.
2 속도에 맞춰 따라 읽어요.
3 자연스럽게 따라 읽어요.

다시 소리 내어 읽고, 걸린 시간을 아래 빈칸에 써 보세요.

걸린 시간 분 초

정답 ▶ 162쪽

내용을 확인해요

본문에서 읽었던 내용을 떠올리며 아래 문제를 풀어봐요.

1 '십 리도 못 가서 발병난다'의 뜻은 무엇인가요?

① 여행길이 너무 짧아 아쉽다.
② 먼 길을 떠나기 전에 쉬어가라.
③ 떠난 사람이 고생하거나 힘들 것이다.

2 '동지 섣달 꽃 본 듯이 날 좀 보소'의 뜻은 무엇인가요?

① 나에게 꽃을 선물해 주세요.
② 꽃을 심으러 나와 함께 가 주세요.
③ 겨울에 꽃을 본 것처럼 나를 반가워해 주세요.

49 우리는 하나

10주차 4일

우리나라 1학년 1학기 | • 우리는 하나
• 총 어절 수 41개
• 권장 읽기 시간 40초

아래 글을 소리 내어 읽고, 걸린 시간을 아래 빈칸에 써 보세요.

우리나라와 북한은 원래 하나였어요.
1910년에 일본이 우리나라를 강제로 빼앗았다가
1945년에 전쟁에서 지면서 물러났어요.
일본이 물러난 자리에 미국과 소련이 들어왔고,
남쪽은 미국이, 북쪽은 소련이
나누어 다스렸어요.
그러던 중 북한이 남한을 침략하면서
6.25 전쟁이 시작되었죠.
전쟁이 끝난 후 지금까지 남한과 북한은 나뉘어 있어요.

걸린 시간　　분　　초

낱말을 익혀요

본문에 수록된 주요 낱말들의 뜻을 익혀요.

1 강제
- 뜻: 힘으로 남이 원하지 않는 일을 억지로 시킴
- 예문: 형이 강제로 내 핸드폰을 빼앗았어요.

2 침략
- 뜻: 정당한 이유 없이 남의 나라에 쳐들어감
- 예문: 우리 민족은 침략을 받을 때마다 모두 힘을 합쳐 나라를 지켰어요.

3 6.25 전쟁
- 뜻: 1950년 6월 25일 새벽, 북한이 남한을 공격하면서 시작된 전쟁
- 예문: 6.25 전쟁은 '한국전쟁'이라고도 불러요.

단계별로 연습하기

1단계 올바른 발음을 익혀요.

발음이 어렵거나 헷갈리는 낱말들을 정확하게 읽어요.

① 북한 [부칸] ② 원래 [월래]
③ 빼앗았다가 [빼아삳따가] ④ 침략 [침냑]
⑤ 6.25 전쟁 [유기오 전쟁] ⑥ 끝난 [끈난]

2단계 듣고 따라 읽어요.

QR코드에서 들려주는 선생님의 음성을 들으며 읽는 연습을 해요.

1. 정확하게 따라 읽어요.
2. 속도에 맞춰 따라 읽어요.
3. 자연스럽게 따라 읽어요.

3단계 다시 읽어봐요.

다시 소리 내어 읽고, 걸린 시간을 아래 빈칸에 써 보세요.

걸린 시간 ◯ 분 ◯ 초

정답 ▶ 162쪽

내용을 확인해요

본문에서 읽었던 내용을 떠올리며 아래 문제를 풀어봐요.

1 다음 중 옳은 설명은 무엇인가요?

① 남한과 북한은 원래부터 다른 나라였다.
② 북한이 남한을 침략하면서 6.25 전쟁이 일어났다.
③ 일제강점기가 끝나자 미국이 북쪽을, 소련이 남쪽을 맡아서 다스렸다.

2 빈칸에 알맞은 낱말이나 숫자를 쓰세요.

① 1910년에 우리나라를 일본에 ㄱ ㅈ 로 빼앗기고, 1945년에 되찾았어요.
② 1950년 ◯ 월 ◯ 일 새벽, 북한이 남한을 침략했어요.

10주차 5일
50

씨름을 해 봤나요?

우리나라 1학년 1학기 | • 씨름
- 총 어절 수 41개
- 권장 읽기 시간 40초

아래 글을 소리 내어 읽고, 걸린 시간을 아래 빈칸에 써 보세요.

씨름은 우리나라 민속놀이에요.
모래판에서 두 사람이 샅바를 잡고
힘과 기술을 겨뤄요.
무릎이나 그 위쪽이
땅에 먼저 닿는 사람이 지는 경기예요.
옛날에는 마을에서 씨름 대회를 열어 함께 즐겼어요.
씨름에서 이긴 사람을 '천하장사'라고 불렀어요.
지금도 명절이나 축제 때 씨름 경기를 볼 수 있답니다.

걸린 시간   분   초

낱말을 익혀요
본문에 수록된 주요 낱말들의 뜻을 익혀요.

1 민속놀이
- 뜻: 민간에 전해 내려오는 각 지방의 생활이나 풍속을 반영한 놀이
- 예문: 씨름, 투호, 널뛰기 같은 민속놀이는 오랜 옛날부터 전해 내려왔어요.

2 샅바
- 뜻: 씨름에서, 허리와 다리에 둘러 묶어서 손잡이로 쓰는 띠
- 예문: 선수들은 서로 상대 선수의 샅바를 야무지게 움켜쥐었어요.

3 천하장사
- 뜻: 세상에 견줄 데가 없이 힘이 센 사람
- 예문: 우리 반 팔씨름 대회에서 이겼더니, 아이들이 나보고 천하장사래요.

단계별로 연습하기

1단계 — 올바른 발음을 익혀요.

발음이 어렵거나 헷갈리는 낱말들을 정확하게 읽어요.

① 민속놀이 [민송노리] ② 샅바 [삳빠]
③ 무릎이나 [무르피나] ④ 닿는 [단는]
⑤ 열어 [여러] ⑥ 있답니다 [읻땀니다]

2단계 — 듣고 따라 읽어요.

QR코드에서 들려주는 선생님의 음성을 들으며 읽는 연습을 해요.

1. 정확하게 따라 읽어요.
2. 속도에 맞춰 따라 읽어요.
3. 자연스럽게 따라 읽어요.

3단계 — 다시 읽어봐요.

다시 소리 내어 읽고, 걸린 시간을 아래 빈칸에 써 보세요.

걸린 시간 분 초

정답 ▶ 162쪽

내용을 확인해요

본문에서 읽었던 내용을 떠올리며 아래 문제를 풀어봐요.

1 다음을 읽고, 맞으면 ○, 틀리면 ✕ 하세요.

① 씨름은 우리나라 전통 민속놀이이다. (   )
② 경기 중에 손이 먼저 땅에 닿는 사람이 진다. (   )
③ 씨름은 오로지 힘만으로 승부를 겨룬다. (   )

2 빈칸의 초성에 맞춰 알맞은 낱말을 쓰세요.

① 씨름 선수의 허리와 다리에 둘러 묶은 띠를 [ㅅ][ㅂ](이)라고 해요.

② 씨름 대회에서 우승한 사람을 [ㅊ][ㅎ][ㅈ][ㅅ](이)라고 불러요.

5장 〈통합-우리나라〉 마무리 활동

정답 ▶ 162쪽

1 5장에서 배운 내용을 생각하며, 아래의 낱말을 정확하게 읽어봐요.

1	무궁하다	2	귀하다
3	군자	4	국새
5	전달하다	6	인정하다
7	나라문장	8	대표하다
9	엿보다	10	주요리
11	후식	12	간식거리
13	한복	14	평소
15	관광지	16	강강술래
17	사방치기	18	제기차기
19	장신구	20	태극선
21	오방색	22	아리랑
23	발병	24	동지 섣달
25	강제로	26	침략
27	6.25 전쟁	28	민속놀이
29	샅바	30	천하장사

130 5장 통합 - 우리나라

2 다음을 읽고, 맞으면 O, 틀리면 × 하세요.

41과 ① '무궁화'의 '무궁'은 끝이 없다는 뜻이다. ( )

42과 ② 국새는 나라를 대표하는 도장이다. ( )

43과 ③ 나라를 대표하고 상징하는 그림을 '여권'이라고 한다. ( )

47과 ④ 오방색은 다섯 방위를 나타내는 색이다. ( )

50과 ⑤ 씨름은 줄 위에서 하는 민속놀이이다. ( )

3 <보기>에서 알맞은 낱말을 골라 빈칸에 쓰세요.

> **보기**
>
> 남쪽   북쪽   술래   치마   후식   저고리   아리랑

44과 ① 밥을 맛있게 먹고, [ ](으)로 아이스크림을 먹었다.

45과 ② 남자 한복은 [ ]와/과 바지로 이루어져 있다.

46과 ③ 대문 놀이를 하다가 대문에 잡혀서 [ ]이/가 됐다.

48과 ④ 우리나라의 대표적인 민요는 [ ]이다.

49과 ⑤ 일본이 물러간 후 [ ]은/는 미국이, [ ]은/는 소련이 나누어 다스렸다.

6장
통합 | 탐험

51	우주 탐험을 해 볼까요?
52	바다를 사랑한 탐험가
53	나만의 탐험선을 만들어요
54	처음으로 비행기를 만든 형제
55	내 기지의 모습은?
56	별자리를 찾아봐요
57	왜 남극을 탐험할까요?
58	심해에 가 보고 싶다
59	약을 바르게 먹어요
60	전기를 안전하게 사용해요

11주차 1일 51

우주 탐험을 해 볼까요?

탐험 1학년 1학기 | • 어디로 갈까?

- 총 어절 수 37개
- 권장 읽기 시간 40초

아래 글을 소리 내어 읽고, 걸린 시간을 아래 빈칸에 써 보세요.

〈우주 소풍 떠나요!〉

나는 우주 탐험가
우주복 입고 깡충깡충
별들 사이로 뛰어가요

달에서는 통통통통
화성에서는 데구르르
토성에서는 빙그르르

은하수에 첨벙첨벙
태양계를 빙글빙글
우주선은 부릉부릉
쌩쌩 달려 휘리릭

유성 타고 슈웅 날아
우주 간식 냠냠냠
별똥 과자 와사삭
반짝 달려 폴짝폴짝

걸린 시간 　　분　　초

낱말을 익혀요

본문에 수록된 주요 낱말들의 뜻을 익혀요.

1. 탐험가
- 뜻: 위험을 참고 견디며 어떤 곳을 찾아가서 살펴보고 조사하는 사람
- 예문: 옛날 탐험가들은 새로운 땅을 찾아다녔어요.

2. 은하수
- 뜻: 흰 구름 모양으로 길게 보이는 수많은 천체의 무리
- 예문: 은하수는 수많은 별이 모여 있어 빛나는 강처럼 보여요.

3. 태양계
- 뜻: 태양과 태양을 중심으로 돌아가는 천체의 집합
- 예문: 태양계에서 가장 큰 행성은 목성이에요.

단계별로 연습하기

1단계 — 올바른 발음을 익혀요.

아래 낱말을 소리 내어 읽으며, 무엇을 흉내 낸 말인지 생각해 보세요.

① 깡충깡충 [깡충깡충] ② 데구르르 [데구르르]
③ 첨벙첨벙 [첨벙첨벙] ④ 빙글빙글 [빙글빙글]
⑤ 부릉부릉 [부릉부릉] ⑥ 와사삭 [와사삭]

2단계 — 듣고 따라 읽어요.

QR코드에서 들려주는 선생님의 음성을 들으며 읽는 연습을 해요.

1. 정확하게 따라 읽어요.
2. 속도에 맞춰 따라 읽어요.
3. 자연스럽게 따라 읽어요.

3단계 — 다시 읽어봐요.

다시 소리 내어 읽고, 걸린 시간을 아래 빈칸에 써 보세요.

걸린 시간 ◯ 분 ◯ 초

정답 ▶ 163쪽

내용을 확인해요

본문에서 읽었던 내용을 떠올리며 아래 문제를 풀어봐요.

1 태양을 중심으로 여러 행성이 돌고 있는 체계를 무엇이라고 하나요?

① 유성   ② 은하수   ③ 태양계

2 ( ) 안에 들어갈 낱말을 바르게 연결하세요.

① ( )은/는 용감해요. • • ㉠ 우주선

② ( )이/가 발사됐어요. • • ㉡ 탐험가

③ 지구는 ( )에 속해요. • • ㉢ 태양계

51 우주 탐험을 해 볼까요?

52 바다를 사랑한 탐험가

11주차 2일

탐험 1학년 1학기 | • 탐험가를 만나 볼까?
• 총 어절 수 40개
• 권장 읽기 시간 40초

아래 글을 소리 내어 읽고, 걸린 시간을 아래 빈칸에 써 보세요.

바다를 사랑한 탐험가,
자크 쿠스토에 관한 책을 읽었다.
자크는 물고기처럼 바닷속에서 숨 쉬고 싶어서
'애퀄렁'이라는 수중 호흡기를 만들었다.
친구들과 탐험하며 바닷속을 촬영해서
사람들에게 처음으로
바닷속의 모습을 보여주었다.
그러다가 자크는 바다가 병들어 가는 걸 발견하고,
영화를 만들어서 바다의 위기를 널리 알렸다.

걸린 시간   분   초

낱말을 익혀요
본문에 수록된 주요 낱말들의 뜻을 익혀요.

1 애퀄렁
- 뜻: 물속에서 숨을 쉴 수 있도록 만든 공기통(호흡기)
- 예문: 잠수할 때는 꼭 등에 애퀄렁을 메야 해요.

2 촬영하다
- 뜻: 사람, 사물, 풍경 등을 사진이나 영화로 찍다
- 예문: 선생님께서 우리가 발표하는 모습을 촬영하셨어요.

3 위기
- 뜻: 위험한 고비 또는 위험해서 아슬아슬한 순간
- 예문: 상대편이 한 골을 넣어서 우리 편에 위기가 찾아왔다.

단계별로 연습하기

1단계 올바른 발음을 익혀요.

발음이 어렵거나 헷갈리는 낱말들을 정확하게 읽어요.

① 물고기 [물꼬기]　　② 바닷속 [바다쏙/바닫쏙]
③ 싶어서 [시퍼서]　　④ 호흡기 [호흡끼]
⑤ 촬영해서 [촤령해서]　　⑥ 알렸다 [알렫따]

2단계 듣고 따라 읽어요.

QR코드에서 들려주는 선생님의 음성을 들으며 읽는 연습을 해요.

1 정확하게 따라 읽어요.　2 속도에 맞춰 따라 읽어요.　3 자연스럽게 따라 읽어요.

3단계 다시 읽어봐요.

다시 소리 내어 읽고, 걸린 시간을 아래 빈칸에 써 보세요.

걸린 시간　　분　　초

정답 ▶ 163쪽

내용을 확인해요

본문에서 읽었던 내용을 떠올리며 아래 문제를 풀어봐요.

1 다음을 읽고, 맞으면 O, 틀리면 × 하세요.

① 자크 쿠스토는 우주를 탐험한 사람이다. (　)
② 자크 쿠스토는 물속에서 숨을 쉬기 위해 애퀄렁을 만들었다. (　)
③ 자크 쿠스토는 바다가 깨끗하다는 걸 알리려고 영화를 만들었다. (　)

2 빈칸의 초성에 맞춰 알맞은 낱말을 쓰세요.

① 자크 쿠스토는 바다를 사랑한 ㅌ ㅎ ㄱ 예요.

② 자크 쿠스토는 바다가 오염됐다는 사실을 알리는 ㅇ ㅎ 을/를 만들었어요.

52 바다를 사랑한 탐험가

11주차 3일
53

나만의 탐험선을 만들어요

탐험 1학년 1학기 | • 무엇을 타고 갈까?
- 총 어절 수 40개
- 권장 읽기 시간 40초

아래 글을 소리 내어 읽고, 걸린 시간을 아래 빈칸에 써 보세요.

넓은 바다를 가려면 배, 우주로 가려면 우주선,
바닷속을 가려면 잠수함이 필요해요.
새로운 세상을 탐험하려면 무엇이 필요할까요?
바로 탐험선이에요!
상상의 나래를 펼쳐 탐험선을 만들어 보아요.
땅속을 파고드는 탐험선,
별빛을 모아 달리는 탐험선,
구름 위를 떠다니는 탐험선…….
여러분의 탐험선엔 어떤 기능이 있나요?

걸린 시간   분   초

 **낱말을 익혀요**   본문에 수록된 주요 낱말들의 뜻을 익혀요.

1 나래
- 뜻: '날개'를 다르게 부르는 말
- 예문: 나비가 나래를 팔락거리며 날아다녀요.

2 말줄임표
- 뜻: 할 말을 줄였을 때 쓰는 문장 부호로, '……'의 이름
- 예문: 나 지금 배고픈데…….

3 기능
- 뜻: 어떤 역할이나 작용을 함
- 예문: 제 탐험선에는 엄청나게 뜨거운 온도에서도 견디는 기능이 있어요.

단계별로 연습하기

1단계 올바른 발음을 익혀요.

발음이 어렵거나 헷갈리는 낱말들을 정확하게 읽어요.

① 넓은 [널븐] ② 잠수함이 [잠수하미]
③ 필요해요 [피료해요] ④ 땅속 [땅쏙]
⑤ 별빛을 [별삐츨] ⑥ 있나요 [인나요]

2단계 듣고 따라 읽어요.

QR코드에서 들려주는 선생님의 음성을 들으며 읽는 연습을 해요.

1 정확하게 따라 읽어요.
2 속도에 맞춰 따라 읽어요.
3 자연스럽게 따라 읽어요.

3단계 다시 읽어봐요.

다시 소리 내어 읽고, 걸린 시간을 아래 빈칸에 써 보세요.

걸린 시간 ◯ 분 ◯ 초

정답 ▶ 163쪽

내용을 확인해요

본문에서 읽었던 내용을 떠올리며 아래 문제를 풀어봐요.

1 바닷속을 탐험하는 탈것은 무엇인가요?

① 배   ② 우주선   ③ 잠수함

2 빈칸에 알맞은 낱말이나 문장 부호를 쓰세요.

① 제 탐험선에는 별빛을 모아 에너지를 만드는 ㄱㄴ 이/가 있어요.

② 친구가 머뭇거리며 말하려다가 멈췄어요.
"저기 사실은 ☐."

53 나만의 탐험선을 만들어요

처음으로 비행기를 만든 형제

아래 글을 소리 내어 읽고, 걸린 시간을 아래 빈칸에 써 보세요.

옛날부터 사람들은 하늘을 날고 싶어 했어요.
라이트 형제는 비행기라는 미지의 세계를 탐구했어요.
실패를 두려워하지 않고 날개와 엔진을 연구했어요.
사람들은 형제의 실험을 보며 기대하면서도
비행기가 떨어질까 봐 걱정도 했어요.
마침내 라이트 형제의 비행기가 하늘을 날았어요!
인간도 하늘을 나는 시대가 시작된 거예요.

걸린 시간   분   초

낱말을 익혀요

본문에 수록된 주요 낱말들의 뜻을 익혀요.

1 미지
- 뜻: 아직 알지 못함
- 예문: 우주에는 우리가 모르는 미지의 행성이 많아요.

2 탐구
- 뜻: 학문 등을 깊이 파고들어 연구함
- 예문: 라이트 형제는 하늘을 나는 방법을 탐구했어요.

3 엔진
- 뜻: 열, 전기 에너지 등을 이용해 자동차 등의 기계를 움직이게 하는 장치
- 예문: 로켓은 강한 엔진의 힘으로 우주까지 날아가요.

단계별로 연습하기

1단계 올바른 발음을 익혀요.

발음이 어렵거나 헷갈리는 낱말들을 정확하게 읽어요.

① 사람들은 [사람드른]　② 하늘을 [하느를]
③ 싶어 [시퍼]　④ 탐구했어요 [탐구해써요]
⑤ 실험을 [실허믈]　⑥ 날았어요 [나라써요]

2단계 듣고 따라 읽어요.

QR코드에서 들려주는 선생님의 음성을 들으며 읽는 연습을 해요.

1 정확하게 따라 읽어요.　2 속도에 맞춰 따라 읽어요.　3 자연스럽게 따라 읽어요.

3단계 다시 읽어봐요.

다시 소리 내어 읽고, 걸린 시간을 아래 빈칸에 써 보세요.

걸린 시간　분　초

정답 ▶ 163쪽

내용을 확인해요

본문에서 읽었던 내용을 떠올리며 아래 문제를 풀어봐요.

1 다음을 읽고, 맞으면 O, 틀리면 × 하세요.

① 옛날부터 사람들은 하늘을 날고 싶어 했다. (　)
② 라이트 형제는 배를 연구하다가 비행기를 만들었다. (　)
③ 사람들은 처음부터 라이트 형제의 실험이 성공할 거라고 믿었다. (　)

2 빈칸의 초성에 맞춰 알맞은 낱말을 쓰세요.

① 라이트 형제는 비행기라는 　ㅁ　ㅈ　의 세계를 탐구했어요.
② 비행기를 날게 하는 중요한 장치는 날개와 　ㅇ　ㅈ　이에요.

11주차 5일 55

내 기지의 모습은?

탐험 1학년 1학기 | • 어디서 지내지?

- 총 어절 수 40개
- 권장 읽기 시간 40초

아래 글을 소리 내어 읽고, 걸린 시간을 아래 빈칸에 써 보세요.

기지는 안전하게 머무르면서 탐험할 수 있게 필요한 시설을 갖춘 장소예요.
탐험할 곳에 따라 기지의 모습과 기능이 달라요.
지진이 자주 일어나는 곳에서는
튼튼한 기지가 필요하고,
공기가 없는 곳에서는
산소를 만드는 기지가 필요해요.
기지는 탐험을 돕는 중요한 공간이에요.
여러분의 기지는 어떤 모습인가요?

걸린 시간 분 초

낱말을 익혀요
본문에 수록된 주요 낱말들의 뜻을 익혀요.

1 머무르다
- 뜻: 도중에 멈추거나 잠깐 지내다
- 예문: 우리는 바닷가 근처 숙소에서 하루 머물렀다.

2 지진
- 뜻: 화산 활동이나 땅속의 큰 변화 때문에 땅이 흔들리는 현상
- 예문: 우리는 지진이 났을 때 어떻게 해야 할지 배웠어요.

3 산소
- 뜻: 사람이 숨을 쉬는 데 필요한 공기 속에 많이 들어 있는 물질
- 예문: 높은 산에서는 산소가 부족할 수 있어요.

단계별로 연습하기

1단계 — 올바른 발음을 익혀요.

발음이 어렵거나 헷갈리는 낱말들을 정확하게 읽어요.

① 필요한 [피료한] ② 갖춘 [갇춘]
③ 모습과 [모습꽈] ④ 일어나는 [이러나는]
⑤ 곳에서는 [고세서는] ⑥ 돕는 [돔는]

2단계 — 듣고 따라 읽어요.

QR코드에서 들려주는 선생님의 음성을 들으며 읽는 연습을 해요.

1 정확하게 따라 읽어요.
2 속도에 맞춰 따라 읽어요.
3 자연스럽게 따라 읽어요.

3단계 — 다시 읽어봐요.

다시 소리 내어 읽고, 걸린 시간을 아래 빈칸에 써 보세요.

걸린 시간 　분　　초

정답 ▶ 163쪽

내용을 확인해요

본문에서 읽었던 내용을 떠올리며 아래 문제를 풀어봐요.

1 기지에 관해 바르게 설명한 것은 무엇인가요?

① 기지는 안전하게 머물기만 하면 된다.
② 기지는 탐험할 때 필요한 시설을 갖추어야 한다.
③ 탐험하는 곳에 따라 기지의 기능이 달라지지는 않는다.

2 빈칸의 초성에 맞춰 알맞은 낱말을 쓰세요.

① ㅈㅈ 이/가 나면 땅이 흔들려서 위험해요.

② 우리가 숨 쉴 때 꼭 필요한 것은 공기 속에 있는 ㅅㅅ 예요.

55 내 기지의 모습은? 143

12주차 1일
56

별자리를 찾아봐요

탐험 1학년 1학기 | • 궁금한 것을 찾아볼까?

- 총 어절 수 40개
- 권장 읽기 시간 40초

아래 글을 소리 내어 읽고, 걸린 시간을 아래 빈칸에 써 보세요.

옛날 사람들은 밤하늘의 밝은 별들을 이어서 모양을 만들었어요.
그 모양에 황소, 사자 같은 동물이나
신화 속 인물의 이름을 붙였지요.
옛날 바빌로니아 사람들이 만든 별자리의 이름은
지금도 많이 사용돼요.
그리스 신화와 함께 전해진 별자리에는
신과 영웅의 이름도 있어요.
여러분도 별자리를 찾아보세요!

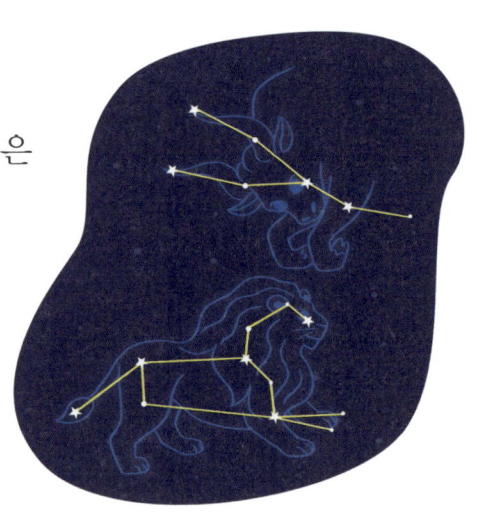

걸린 시간   분   초

낱말을 익혀요

본문에 수록된 주요 낱말들의 뜻을 익혀요.

1 신화
- 뜻: 신이나 신 같은 존재에 대한 신비로운 이야기
- 예문: 신화에는 신들과 영웅들의 흥미로운 이야기가 많아요.

2 별자리
- 뜻: 여러 개의 별들이 이어진 모습에 그와 비슷하게 생긴 동물, 물건, 신화 속 인물의 이름을 붙인 것
- 예문: 계절마다 보이는 별자리가 달라요.

3 영웅
- 뜻: 재주와 용기가 특별히 뛰어나 보통 사람이 하기 힘든 일을 하는 사람
- 예문: 페르세우스 별자리를 보니 그리스 영웅 페르세우스가 떠올라요.

단계별로 연습하기

1단계 올바른 발음을 익혀요.

발음이 어렵거나 헷갈리는 낱말들을 정확하게 읽어요.

① 옛날 [옌날] ② 밝은 [발근]
③ 만들었어요 [만드러써요] ④ 동물이나 [동무리나]
⑤ 붙였지요 [부쳗찌요] ⑥ 찾아보세요 [차자보세요]

2단계 듣고 따라 읽어요.

QR코드에서 들려주는 선생님의 음성을 들으며 읽는 연습을 해요.

1. 정확하게 따라 읽어요.
2. 속도에 맞춰 따라 읽어요.
3. 자연스럽게 따라 읽어요.

3단계 다시 읽어봐요.

다시 소리 내어 읽고, 걸린 시간을 아래 빈칸에 써 보세요.

걸린 시간　　분　　초

정답 ▶ 163쪽

내용을 확인해요

본문에서 읽었던 내용을 떠올리며 아래 문제를 풀어봐요.

1 별자리에 대해 바르게 설명한 것은 무엇인가요?

① 밝은 별들을 이어서 모양을 만들었어요.
② 별자리는 신화 속 인물의 이름만 사용해요.
③ 옛날에 붙여진 이름은 지금은 사용하지 않아요.

2 빈칸에 들어갈 알맞은 낱말을 찾아 연결하세요.

① 신화　•　　• ㉠ 이순신 장군은 전쟁 [　　] 이에요.
② 영웅　•　　• ㉡ 밤하늘에서 [　　] 을/를 찾아보았어요.
③ 별자리　•　　• ㉢ 그리스 [　　] 을/를 재미있게 읽었어요.

57. 왜 남극을 탐험할까요?

탐험 1학년 1학기 | • 알게 된 이야기를 말해 줄래?

- 총 어절 수 40개
- 권장 읽기 시간 40초

아래 글을 소리 내어 읽고, 걸린 시간을 아래 빈칸에 써 보세요.

남극과 북극은 모두 춥지만,
남극은 대륙이고 북극은 바다예요.
남극은 지구에서 가장 춥고, 바람이 강하며,
두꺼운 얼음으로 덮인 땅이에요.
이곳의 자연환경은 지구 어디에도
찾아볼 수 없이 특별해요.
그래서 과학자들은 남극의 얼음, 날씨,
생태계 등을 연구해요.
우리나라도 남극에 연구소를 세워 탐험하고 있어요.

걸린 시간 ○ 분 ○ 초

낱말을 익혀요

본문에 수록된 주요 낱말들의 뜻을 익혀요.

1 북극
- 뜻: 지구의 북쪽 끝 또는 그 주변의 지역
- 예문: 북극은 얼어붙은 바다예요.

2 생태계
- 뜻: 여러 생물들이 한곳에서 서로 어울려 살아가는 자연의 세계
- 예문: 숲의 생태계에는 나무, 동물, 곤충 등이 함께 어울려 살아요.

3 연구소
- 뜻: 어떤 것에 대해 자세히 조사하고 연구하는 곳
- 예문: 세종과학기지는 우리나라가 남극에 세운 연구소예요.

단계별로 연습하기

1단계 올바른 발음을 익혀요.

발음이 어렵거나 헷갈리는 낱말들을 정확하게 읽어요.

① 북극 [북끅]　　② 춥지만 [춥찌만]
③ 덮인 [더핀]　　④ 없이 [업씨]
⑤ 특별해요 [특뼐해요]　　⑥ 얼음 [어름]

2단계 듣고 따라 읽어요.

QR코드에서 들려주는 선생님의 음성을 들으며 읽는 연습을 해요.

1 정확하게 따라 읽어요.　　2 속도에 맞춰 따라 읽어요.　　3 자연스럽게 따라 읽어요.

3단계 다시 읽어봐요.

다시 소리 내어 읽고, 걸린 시간을 아래 빈칸에 써 보세요.

걸린 시간　　분　　초

정답 ▶ 163쪽

내용을 확인해요

본문에서 읽었던 내용을 떠올리며 아래 문제를 풀어봐요.

1 다음을 읽고, 맞으면 ○, 틀리면 × 하세요.

① 남극은 땅이고, 북극은 바다이다.　　(　　)
② 남극은 지구에서 가장 춥고 바람이 많이 부는 곳이다.　　(　　)
③ 우리나라는 남극에 연구소를 세우지 않았다.　　(　　)

2 남극의 자연환경이 특별한 이유는 무엇인가요?

① 얼음이 없기 때문에
② 지구에서 가장 추운 땅이기 때문에
③ 사람들이 가장 많이 살고 있기 때문에

57 왜 남극을 탐험할까요?

58 심해에 가 보고 싶다

탐험 1학년 1학기 | • 나와 알아맞히기 놀이 해 볼래?

- 총 어절 수 40개
- 권장 읽기 시간 40초

아래 글을 소리 내어 읽고, 걸린 시간을 아래 빈칸에 써 보세요.

학교에서 '심해'에 대해 배웠다.
심해는 햇빛이 닿지 않을 정도로
아주 깊은 바다이다.
물의 압력이 강하고 어두워서
가기 어려운 곳이다.
그런 곳에도 생물들이 살고 있다니
신기하다.
빛을 내거나 특별한 감각이 발달한
심해 생물도 있다고 한다.
신비로운 심해에 꼭 가 보고 싶다.

걸린 시간 ◯ 분 ◯ 초

낱말을 익혀요
본문에 수록된 주요 낱말들의 뜻을 익혀요.

1 심해
- 뜻: 보통 물의 깊이가 200미터 이상이 되는 깊은 바다
- 예문: 과학자들은 특별한 장비로 심해를 탐험해요.

2 압력
- 뜻: 누르는 힘
- 예문: 깊은 바다에서는 강한 압력 때문에 단단한 물체도 찌그러질 수 있어요.

3 감각
- 뜻: 자극을 느끼고 이해한 것을 통하여 판단하는 능력
- 예문: 빛을 내거나 진동을 느끼는 감각을 가진 심해 생물이 있어요.

단계별로 연습하기

1단계 — 올바른 발음을 익혀요.

발음이 어렵거나 헷갈리는 낱말들을 정확하게 읽어요.

① 햇빛이 [해삐치/핻삐치]   ② 닿지 [다치]
③ 않을 [아늘]   ④ 깊은 [기픈]
⑤ 압력이 [암녀기]   ⑥ 빛을 [비츨]

2단계 — 듣고 따라 읽어요.

QR코드에서 들려주는 선생님의 음성을 들으며 읽는 연습을 해요.

1. 정확하게 따라 읽어요.
2. 속도에 맞춰 따라 읽어요.
3. 자연스럽게 따라 읽어요.

3단계 — 다시 읽어봐요.

다시 소리 내어 읽고, 걸린 시간을 아래 빈칸에 써 보세요.

걸린 시간   분   초

정답 ▶ 163쪽

내용을 확인해요

본문에서 읽었던 내용을 떠올리며 아래 문제를 풀어봐요.

1. 심해에 대한 설명으로 옳은 것은 무엇인가요?

① 햇빛이 잘 들어온다.
② 사람이 쉽게 갈 수 있다.
③ 특별한 감각이 발달한 생물이 있다.

2. 빈칸의 초성에 맞춰 알맞은 낱말을 쓰세요.

① 심해는 아주 깊은 바다라서 물의 ㅇ ㄹ 이/가 매우 강해요.

② 심해는 ㅎ ㅂ 이/가 닿지 않을 정도로 깊어서 깜깜해요.

12주차 4일 / 59

탐험 1학년 1학기 | • 고마운 약, 바르게 먹어요

- 총 어절 수 40개
- 권장 읽기 시간 40초

약을 바르게 먹어요

아래 글을 소리 내어 읽고, 걸린 시간을 아래 빈칸에 써 보세요.

아플 때는 증상에 맞는 약을
정해진 양과 시간에 맞게 먹어요.
약을 너무 많이 먹으면
위험할 수 있거든요.
사용 기한을 확인하고,
모르는 약은 먹지 않아요.
약의 모양이 비슷할 수 있으니,
약통을 확인한 후 먹어요.
약을 바르게 복용하면 건강을 지킬 수 있어요!

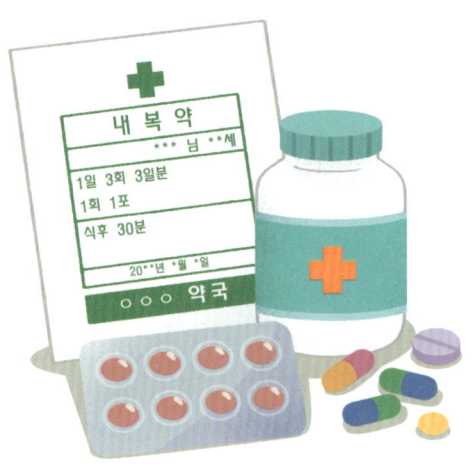

걸린 시간 분 초

낱말을 익혀요

본문에 수록된 주요 낱말들의 뜻을 익혀요.

1 증상
- 뜻: 병을 앓을 때 나타나는 여러 가지 상태
- 예문: 감기에 걸리면 열이 나고 목이 아픈 증상이 나타날 수 있어요.

2 기한
- 뜻: 미리 정해 놓은 시기
- 예문: 도서관에서 빌린 책은 반납 기한이 있어요.

3 복용하다
- 뜻: 약을 먹다
- 예문: 약을 정해진 시간에 맞춰 복용해요.

단계별로 연습하기

1단계 올바른 발음을 익혀요.

발음이 어렵거나 헷갈리는 낱말들을 정확하게 읽어요.

① 맞는 [만는]　　② 약을 [야글]
③ 맞게 [맏께]　　④ 있거든요 [읻꺼든뇨]
⑤ 비슷할 [비스탈]　　⑥ 복용하면 [보굥하면]

2단계 듣고 따라 읽어요.

QR코드에서 들려주는 선생님의 음성을 들으며 읽는 연습을 해요.

1 정확하게 따라 읽어요.
2 속도에 맞춰 따라 읽어요.
3 자연스럽게 따라 읽어요.

3단계 다시 읽어봐요.

다시 소리 내어 읽고, 걸린 시간을 아래 빈칸에 써 보세요.

걸린 시간 　분　 초

정답 ▶ 163쪽

내용을 확인해요

본문에서 읽었던 내용을 떠올리며 아래 문제를 풀어봐요.

1 약을 바르게 복용하는 방법이 아닌 것은 무엇인가요?

① 뭔지 모르는 약도 먹어요.
② 약의 사용 기한을 확인해요.
③ 정해진 양과 시간을 지켜 먹어요.

2 빈칸의 초성에 맞춰 알맞은 낱말을 쓰세요.

① 병원에 가면 의사 선생님께 ㅈ ㅅ 을/를 잘 설명해야 해요.
② 약의 ㅂ ㅇ 방법을 잘 지켜서 먹어야 건강을 지킬 수 있어요.

전기를 안전하게 사용해요

아래 글을 소리 내어 읽고, 걸린 시간을 아래 빈칸에 써 보세요.

전기를 안전하게 사용하는 방법을 알고 있나요?

전기는 편리하지만, 조심해서 사용하지 않으면 위험해요.

젖은 손으로 전기 제품을 만지면 감전될 수 있으니, 물기를 닦고 사용해요.

전선이 끊어지거나 고장이 난 전기 제품은 사용하지 말고요.

콘센트에서 플러그를 뽑을 때는 전선이 아닌 플러그 부분을 잡아야 해요.

걸린 시간   분   초

낱말을 익혀요

본문에 수록된 주요 낱말들의 뜻을 익혀요.

1 편리
- 뜻: 이용하기 쉽고 편함
- 예문: 엘리베이터가 있어서 높은 층에 갈 때 편리해요.

2 감전
- 뜻: 전기가 통하고 있는 물체가 몸에 닿아 충격을 받음
- 예문: 벗겨진 전선을 손으로 만지면 감전될 위험이 있어요.

3 전선
- 뜻: 전기가 흐르는 선
- 예문: 미나는 선풍기 전선에 걸려 넘어졌어요.

단계별로 연습하기

1단계 올바른 발음을 익혀요.

발음이 어렵거나 헷갈리는 낱말들을 정확하게 읽어요.

① 편리하지만 [펼리하지만]　② 젖은 [저즌]
③ 물기를 [물끼를]　④ 닦고 [닥꼬]
⑤ 끊어지거나 [끄너지거나]　⑥ 잡아야 [자바야]

2단계 듣고 따라 읽어요.

QR코드에서 들려주는 선생님의 음성을 들으며 읽는 연습을 해요.

1 정확하게 따라 읽어요.
2 속도에 맞춰 따라 읽어요.
3 자연스럽게 따라 읽어요.

3단계 다시 읽어봐요.

다시 소리 내어 읽고, 걸린 시간을 아래 빈칸에 써 보세요.

걸린 시간　분　초

정답 ▶ 163쪽

내용을 확인해요

본문에서 읽었던 내용을 떠올리며 아래 문제를 풀어봐요.

1 다음을 읽고, 맞으면 O, 틀리면 ✕ 하세요.

① 전기 제품을 함부로 쓰면 위험하다. (　)
② 젖은 손으로 전기 제품을 만지면 감전될 수 있다. (　)
③ 플러그를 뽑을 때는 전선을 잡고 당긴다. (　)

2 각 부분의 이름을 쓰세요.

60 전기를 안전하게 사용해요

 **6장 〈통합-탐험〉 마무리 활동**

 정답 ▶ 163쪽

1 6장에서 배운 내용을 생각하며, 아래의 낱말을 정확하게 읽어봐요.

1	탐험가	2	은하수
3	태양계	4	애쿼렁
5	수중	6	위기
7	나래	8	말줄임표
9	기능	10	미지
11	탐구	12	엔진
13	시설	14	지진
15	산소	16	별자리
17	신화	18	영웅
19	북극	20	생태계
21	연구소	22	심해
23	압력	24	감각
25	증상	26	기한
27	복용하다	28	편리하다
29	감전	30	전선

2 다음을 읽고, 맞으면 O, 틀리면 ✕ 하세요.

52과 ① 자크 쿠스토는 병들어 가는 바다에 관한 영화를 만들었다. (　　)

54과 ② 라이트 형제는 처음으로 잠수함을 만들었다. (　　)

56과 ③ 옛날 사람들이 만든 별자리 이름은 지금도 많이 사용된다. (　　)

58과 ④ 심해는 햇빛이 닿지 않을 정도로 아주 깊다. (　　)

60과 ⑤ 전기 제품을 사용할 때는 손에 있는 물기를 닦아야 한다. (　　)

3 <보기>에서 알맞은 낱말을 골라 빈칸에 쓰세요.

> 보기
>
> 기능　대륙　바다　복용　산소　증상　탐험가

51과 ① 우주 [　　　]은/는 우주를 살펴보고 조사하는 사람이다.

53과 ② 탐험선에는 탐험에 필요한 다양한 [　　　]이/가 들어 있다.

55과 ③ 우리가 숨을 쉬려면 꼭 [　　　]이/가 필요하다.

57과 ④ 남극은 [　　　]이고 북극은 [　　　]이다.

59과 ⑤ 열이 나고 기침이 나는 [　　　]이/가 나타나서 병원에 갔다.

정답

지금까지 여러분이 풀었던 문제의 정답을 공개할게요. 정답을 보면서 왜 틀렸는지 궁금하다면 여러분의 부모님이나 선생님께 그 이유를 여쭤보셔도 좋아요.

1장 | 국어

01 자음과 모음
1. ③
2. ① ○ ② × ③ × ④ ○

02 다람쥐가 도망가요
1. 가 → 다 → 라 → 나
2. 무사히

03 학교 가는 길
1. 신호등, 횡단보도, 빵집, 꽃집
2. [예시] 경비실, 놀이터, 문구점, 분식집

04 문장 부호를 알아봐요
1. ① × ② ○ ③ ×
2. ① . ② , ? ③ !

05 토끼의 간
1. ②
2. ① 넓 ② 묶 ③ 밖, 없

06 놀이공원
1. ②
2. ①-ㄴ, ②-ㄹ, ③-ㄷ, ④-ㄱ

07 계절에 따른 생활 모습
1. ① × ② ○ ③ ×
2. ① 피서 ② 단풍

08 속담으로 보는 계절
1. ①
2. ① 속담은 ② 추워지는 ③ 비가

09 우리 글자의 처음 이름
1. ②
2. 한자

10 한옥에 담긴 지혜
1. ①
2. ① 한옥 ② 창호지 ③ 온돌

1장 마무리 활동
1. 1. [자음짜]
   2. [모음짜]
   3. [소리마디]
   4. [개울까]
   5. [징검다리]
   6. [무사히]
   7. [나서다]
   8. [드러서다]
   9. [가로지르다]
   10. [마침표]
   11. [무름표]
   12. [느낌표]
   13. [쉼표]
   14. [낙씨]
   15. [육찌]
   16. [휘둥그레지다]
   17. [실컨]
   18. [계절/게절]
   19. [피서]
   20. [추수]
   21. [속땀]
   22. [꼳쌤추위]
   23. [장마]
   24. [훈민정음]

25. [한짜]
26. [안타깝따]
27. [하눅]
28. [기와]
29. [창호지]
30. [온돌]

❷ ① × ② ○ ③ × ④ × ⑤ ○

❸ ① 무사히 ② 나서다 ③ 실컷
④ 추수 ⑤ 기와

2장 | 수학

11 같은 수, 다른 뜻

❶ ①

❷ 자

12 수를 바르게 읽어요

❶ ②, ③

❷ ①-㉠-㉰, ②-㉢-㉯, ③-㉡-㉮

13 수로 보는 태극기

❶ ① 한 개 ② 두 가지 ③ 네 개

❷ ① 태극 ② 괘

14 아무것도 없을 땐?

❶ 6(육), 3(삼), 0(영)

❷ 0

15 여러 가지 모양

❶ ① × ② ○ ③ ×

❷ [예시] 공 모양, 주사위 모양, 캔 모양

16 아름다운 우리 문양

❶ ①

❷ ① ○ ② × ③ ○ ④ ×

17 10개씩 묶어 세요

❶ ①-㉢, ②-㉠, ③-㉡

❷ ① 3 ② 3 ③ 42

18 덧셈식과 뺄셈식

❶ ③

❷ ① • 5 더하기 4는 9와 같습니다.
　 • 5와 4의 합은 9입니다.
② • 9 빼기 4는 5와 같습니다.
　 • 9와 4의 차는 5입니다.

19 비교하는 표현들

❶ ②

❷ ①-㉣, ②-㉠, ③-㉢, ④-㉡

20 수 이어 가기 놀이

❶ ① 8 ② 14 ③ 30
④ 33 ⑤ 45 ⑥ 49

❷ 38, 39, 40, 41, 42, 43

2장 마무리 활동

❶ 1. [의미]
2. [개쑤]
3. [차례]
4. [방법]
5. [여덜]
6. [상황]
7. [태극끼]
8. [무냥]

9. [각깍]
10. [업씀니다]
11. [영]
12. [익씀니다]
13. [모양]
14. [담따]
15. [짇따]
16. [생활룡품]
17. [문쌀]
18. [버녕]
19. [빠트리다]
20. [무끔]
21. [낟깨]
22. [기호]
23. [합]
24. [차]
25. [비교하다]
26. [김니다]
27. [짤씀니다]
28. [지다]
29. [세다]
30. [절략]

2 ① × ② ○ ③ ○ ④ × ⑤ ×
3 ① 이름 ② 삼 ③ 구슬 모양
④ 가볍습니다 ⑤ 전략

3장 | 통합 - 학교

21 입학했어요!
1 ③
2 ①-ㄴ, ②-ㄱ

22 우리 학교의 상징
1 ①-ㄴ, ②-ㄷ, ③-ㄱ
2 각자 해당하는 내용을 쓰세요.

23 학교 도서관에 가요
1 ①-ㄷ, ②-ㄱ, ③-ㄴ
2 검색대, 사서

24 교통 표지판을 알아볼까요?
1 ①-ㄷ, ②-ㄴ, ③-ㄱ
2 ②

25 분리배출은 일석이조!
1 ③
2 일석이조

26 응급 상황이 생기면?
1 ②
2 ① 괜찮으세요 ② 구조대

27 스마트폰 바르게 사용하기
1 각자 해당하는 내용을 쓰세요.

28 옛날 학교의 모습은?
1 ① × ② ○ ③ ×
2 ① 서당 ② 훈장

29 자기소개를 해요

① 각자 해당하는 내용을 쓰세요.

30 운동장에서 만난 태극기

① ②

② ①-ⓒ, ②-ⓛ, ③-ⓘ, ④-ⓔ

3장 마무리 활동

① 1. [이팎]
2. [등교]
3. [하교]
4. [교표]
5. [교목]
6. [교화]
7. [대출]
8. [반납]
9. [연체]
10. [지시]
11. [규제]
12. [주의/주이]
13. [불리배출]
14. [재화룡품]
15. [일써기조]
16. [응급]
17. [침차카다]
18. [위급]
19. [자세]
20. [점검하다]
21. [조절하다]
22. [화가]
23. [훈장]
24. [갇]
25. [발견하다]
26. [추천하다]
27. [소개하다]
28. [국경일]
29. [게양하다]
30. [조기]

② ① ◯ ② ✕ ③ ✕ ④ ✕ ⑤ ◯

③ ① 하교 ② 침착하게 ③ 점검 ④ 추천 ⑤ 조기

4장 | 통합 - 사람들

31 걱정을 가져가는 인형

① ②

② ①

32 소고를 연주해요

① ① 북면 ② 테 ③ 자루 ④ 북채

33 소꿉놀이를 해 봤나요?

① ①-ⓒ, ②-ⓛ, ③-ⓘ

② 장독대

34 재능 기부 관리자

① ①

② ① 홍보 ② 기부

35 감염병을 조심해요

① ① ◯ ② ✕ ③ ✕

② ①

36 유괴를 조심해!

① ③

2 ① 유괴 ② 의도

37 불이 났다면?
1 ①
2 ① 연기 ② 비상구

38 탈춤 속 사람들 이야기
1 ① × ② ○ ③ ○
2 ① 하회탈 ② 한삼

39 함께하는 명절
1 ③
2 ① 세시 풍속 ② 동지 ③ 명절

40 누구를 초대할까요?
1 예시

학예회에 초대합니다.

부모님께

날짜와 시간(언제): 20○○년 ○○월 ○○일
　　　　　　　　　　○요일 오전 10시
장소(어디에서): 길벗초등학교 강당
찾아오는 방법(어떻게): 초대장과 함께 보내드리는 방문증을 꼭 가져오세요.
하고 싶은 말(인사말): 친구들과 열심히 준비했어요. 꼭 보러 오세요!

정유진 올림

4장 마무리 활동
1
1. [걱쩡]
2. [고민]
3. [사라지다]
4. [전통]
5. [악끼]
6. [왼손자비/웬손자비]
7. [소꿉노리]
8. [절래 동요]
9. [장똑때]
10. [기부]
11. [홍보]
12. [협녁]
13. [가명]
14. [세균]
15. [옴기다]
16. [유괴/유궤]
17. [낟썰다]
18. [접끈하다]
19. [소화전]
20. [대피]
21. [비상구]
22. [탈춤]
23. [하회탈/하훼탈]
24. [한삼]
25. [세시 풍속]
26. [정월 대보름]
27. [동지]
28. [초대짱]
29. [하계회/하계훼]
30. [완성]

2 ① × ② ○ ③ ○ ④ × ⑤ ○
3 ① 고민 ② 소꿉놀이 ③ 탈춤 ④ 세시 풍속 ⑤ 초대장

5장 | 통합 - 우리나라

41 우리나라 꽃, 무궁화
- **1** ① ○ ② × ③ ○
- **2** ①

42 국새는 무엇일까요?
- **1** ① ○ ② × ③ ○
- **2** ① 봉황 ② 대한민국

43 나라문장이란?
- **1** 태극문양, 무궁화
- **2** ①

44 맛있는 전통 음식
- **1** ③
- **2** 각자 해당하는 내용을 쓰세요.

45 아름다운 우리 한복
- **1** ①
- **2** 저고리

46 재미있는 전통 놀이
- **1** ③
- **2** ①-㉠, ②-㉢, ③-㉡

47 시원한 바람이 솔솔, 부채
- **1** ③
- **2** ③

48 아리랑
- **1** ③
- **2** ③

49 우리는 하나
- **1** ②
- **2** ① 강제 ② 6, 25

50 씨름을 해 봤나요?
- **1** ① ○ ② × ③ ×
- **2** ① 샅바 ② 천하장사

5장 마무리 활동
- **1**
  1. [무궁하다]
  2. [귀하다]
  3. [군자]
  4. [국쌔]
  5. [전달하다]
  6. [인정하다]
  7. [나라문장]
  8. [대표하다]
  9. [엳뽀다]
  10. [주요리]
  11. [후식]
  12. [간식꺼리]
  13. [한복]
  14. [평소]
  15. [관광지]
  16. [강강술래]
  17. [사방치기]
  18. [제기차기]
  19. [장신구]
  20. [태극썬]
  21. [오방색]
  22. [아리랑]
  23. [발뼝]
  24. [동지 섣딸]

25. [강제로]
26. [침략]
27. [유기오 전쟁]
28. [민송노리]
29. [산빠]
30. [천하장사]

2 ① ○ ② ○ ③ × ④ ○ ⑤ ×

3 ① 후식 ② 저고리 ③ 술래 ④ 아리랑
⑤ 남쪽, 북쪽

6장 | 통합 - 탐험

51 우주 탐험을 해 볼까요?
1 ③
2 ①-ㄴ, ②-ㄱ, ③-ㄷ

52 바다를 사랑한 탐험가
1 ① × ② ○ ③ ×
2 ① 탐험가 ② 영화

53 나만의 탐험선을 만들어요
1 ③
2 ① 기능 ② ……

54 처음으로 비행기를 만든 형제
1 ① ○ ② × ③ ×
2 ① 미지 ② 엔진

55 내 기지의 모습은?
1 ②
2 ① 지진 ② 산소

56 별자리를 찾아봐요
1 ①
2 ①-ㄷ, ②-ㄱ, ③-ㄴ

57 왜 남극을 탐험할까요?
1 ① ○ ② ○ ③ ×
2 ②

58 심해에 가 보고 싶다
1 ③
2 ① 압력 ② 햇빛

59 약을 바르게 먹어요
1 ①
2 ① 증상 ② 복용

60 전기를 안전하게 사용해요
1 ① ○ ② ○ ③ ×
2 ① 콘센트 ② 플러그 ③ 전선

6장 마무리 활동
1
1. [탐험가]
2. [은하수]
3. [태양계/태양게]
4. [애퀄렁]
5. [수중]
6. [위기]
7. [나래]
8. [말주림표]
9. [기능]
10. [미지]
11. [탐구]
12. [엔진]

13. [시설]

14. [지진]

15. [산소]

16. [별자리]

17. [신화]

18. [영웅]

19. [북극]

20. [생태계/생태게]

21. [연구소]

22. [심해]

23. [암녁]

24. [감각]

25. [증상]

26. [기한]

27. [보공하다]

28. [펼리하다]

29. [감전]

30. [전선]

2 ① ○ ② × ③ ○ ④ ○ ⑤ ○

3 ① 탐험가 ② 기능 ③ 산소
④ 대륙, 바다 ⑤ 증상